Die Gaben des Heiligen Geistes

W0289113

P. Hans Buob SAC

Die Gaben des Heiligen Geistes

VERITAS-VERLAG LINZ–WIEN

Der vorliegende Text ist die Wiedergabe eines Vortrages, den P. Hans Buob am 2. Oktober 1983 im Festsaal der Kreuzschwestern in Linz hielt. Der Vortragende gab die Zustimmung zur Verbreitung des Textes mit dem Wunsch und der Bitte um reiche Frucht.

CIP-Kurztitelaufnahme der Deutschen Bibliothek

Buob, Hans:
Die Gaben des Heiligen Geistes: [Wiedergabe e. Vortrages am 2. Oktober 1983 im Festsaal d. Kreuzschwestern in Linz] / Hans Buob. — 2. Aufl. — Linz; Wien: Veritas-Verlag, 1985.

ISBN 3-85329-411-1

© Veritas-Verlag Linz; alle Rechte vorbehalten
Gedruckt in Österreich; 2. Auflage/85
Druck: LandesVerlag Ges.m.b.H. Linz
Umschlaggestaltung: Anton Hauser

ISBN 3-85329-411-1

Inhalt

Seite

Vorwort 7

I. Die Gaben des Heiligen Geistes 9

II. Die Geistesgaben in den Gebetsgemeinschaften 13
1. Jagt der Liebe nach! 14
2. Werdet freier in der Anbetung und im Lobpreis! 26
3. Bittet den Herrn um sein Wort an uns! 33
4. Vertraut darauf, daß der Herr uns die Gaben des Geistes geben will! 38
5. Wir brauchen den Mut zum Glaubensschritt! 43

III. Wortcharismen 47
1. Wann sind die Wortcharismen einzusetzen? 47
2. In welcher Art und Weise spricht man ein Wort aus? 54
3. Wie kann man ein prophetisches Wort prüfen? 56
4. Die persönliche Reaktion beim Empfang von Geistesgaben 58

IV. Beantwortung der gestellten Fragen 61
1. Entwicklungsmöglichkeiten und Phasen einer Gebetsgruppe 61
2. Wie kann man Menschen werben? 68
3. Welche Gebetszeit ist günstig? 69
4. Wieweit soll man sich auf den Gebetsabend vorbereiten? 71

Seite

5. Wie bekomme ich als Leiter mehr Mut, Selbstvertrauen und Gottvertrauen? 78
6. Wie bringt man Teilnehmer zum lauten Beten? 78
7. Soll man mit einer Bibelstelle oder mit einem Lied beginnen? 79
8. Was soll man tun, wenn jemand immer zu lange betet? 80
9. Soll man in den Gebetskreis gehen, wenn man nicht in Form ist? 80
10. Soll man in Sprachen beten, wenn der, der auslegt, nicht anwesend ist? 81

VORWORT

Im Leben der Kirche machen wir heute eine zweifache Erfahrung. Einerseits herrscht Ratlosigkeit, Resignation und Glaubenslosigkeit bis hin zum Kirchenaustritt, andererseits erleben wir in unseren Tagen eine tiefgreifende Erneuerung des Glaubens und einen wachsenden religiösen Optimismus.
Auf verschiedenen Wegen kommen die Menschen wieder zu einer tiefen Christusbegegnung, die sie zu einem lebendigen Glauben und zu echter Glaubensfreude führt.
Papst Paul VI. hat schon 1975 in seinem Schreiben „Evangelisierung in der Welt von heute" verkündet: „Wir erleben in der Kirche einen Augenblick, der in besonderer Weise vom Heiligen Geist gekennzeichnet ist. Überall sucht man ihn besser zu erkennen, so wie ihn die Schrift offenbart. Freudig stellt man sich in seine Bewegung hinein. Man versammelt sich um ihn, man will sich von ihm führen lassen."
Mit einer tieferen Erfahrung des Heiligen Geistes werden unter anderem auch seine Gaben neu gesehen und erlebt. Die Kirchenväter des II. Vatikanischen Konzils haben dies im dogmatischen Dekret über die Kirche, Kapitel 12, so formuliert:
„. . . solche Gnadengaben, ob sie nun von besonderer Leuchtkraft oder aber schlichter und allgemeiner verbreitet sind, müssen mit Dank und Trost angenommen werden, da sie den Nöten der Kirche besonders angepaßt und nützlich sind."
Viele Christen werden sich wieder neu dieser Gnadengaben bewußt. Sie nehmen sie an zur Ehre Gottes und

– wie das Konzil sagt – ,,für die Erneuerung und den vollen Aufbau der Kirche".
Der Gebrauch dieser Gaben bedarf einer rechten geistlichen Führung. Pater Hans Buob hat im Oktober 1983 vor mehr als hundert Gebetskreisleitern der Diözese Linz ein hilfreiches Wort zum Thema ,,Die Gaben des Heiligen Geistes" gesprochen. Beim Lesen dieses Buches werden Sie sofort spüren, daß das geschriebene Wort noch vom mündlichen Vortrag geprägt ist. Außerdem sind verschiedene Aussagen weniger tiefschürfende theologische Formulierungen als vielmehr Aussagen praktischer Erfahrung. Zur Ergänzung und theologischen Vertiefung sind vor allem die Bücher von Prof. Heribert Mühlen hilfreich, zum vorliegenden Thema das Buch: ,,Geistesgaben heute".
Möge dieses Buch ,,Die Gaben des Heiligen Geistes" vielen Christen helfen, sich ihrer Gaben, die sie schon durch Taufe und Firmung erhalten haben, neu bewußt zu werden. Mögen diese Hilfen sie anregen, neue Gaben mit Dankbarkeit und Freude aufzunehmen, damit sie noch mehr als bisher am Aufbau des Reiches Gottes in der Kirche mitwirken können.

Linz, am 11. Februar 1984

Für die ,,Gemeindeerneuerung der Diözese Linz"
Pfarrer Karl Ecker
Dipl.-Ing. Horst Obereder

I. DIE GABEN DES HEILIGEN GEISTES

Es ist wichtig zu erkennen, daß die Früchte des Geistes das Entscheidende sind. Diese Früchte reifen heran auf den Stufen des geistlichen Lebens. Sie sind Friede und Freude. Sie werden immer stärker und massiver; sie sind bleibende Früchte. Die Früchte des Geistes sind Kennzeichen wahrer Heiligkeit; die Gaben des Geistes hingegen sind kein Kennzeichen von Heiligkeit. Dies ist zunächst eine grundsätzliche Aussage. Gott kann auch Gaben des Geistes einem Sünder geben. Er kann auch durch einen Sünder große Zeichen tun.

Die Gaben des Geistes sind keineswegs Kennzeichen für den Grad der Heiligkeit eines Menschen.

Darin zeigt sich ja die Größe Gottes, daß er auch den Sünder benutzt, um den anderen Heil zu schaffen. Wenn einer Sünder ist, nimmt Gott die Gaben des Geistes nicht sofort weg – um der anderen, um der Kirche wegen. Wenn einer eine besondere Gabe hat, durch die Gott tatsächlich wirkt, dann nimmt man ihm oft auch jedes Wort ab, wie wenn es ein Evangelium wäre; und das ist aber nicht richtig!

Ich kann nicht davon ausgehen, daß auch alles andere, was er sagt und lebt, richtig ist, wenn Gott durch ihn objektiv Heilendes oder Gutes schafft.

Wir wissen sogar – aus dem Evangelium und aus der Erfahrung –, daß auch der Satan Wunder tun kann.

Von der Unterscheidung der Geister her gesehen, müssen wir uns klar sein, daß es dem Satan egal ist, ob jemand gesund oder krank ist.

Wenn der Satan durch ein Scheinwunder über einen Menschen Macht bekommt, so ist ihm dies hundertmal mehr wert als die Gesundheit.

Es ist selbst möglich, wie die Schrift schon sagt, daß der Böse im Lichtgewand des Engels Zeichen Gottes tun kann. An diesen Zeichen erkennt man also noch nicht den Heiligen oder den, an den man sich absolut orientieren kann; und trotzdem ist es schön, daß Gott auch durch solche Menschen sein Werk weiterführen wird.

Die Früchte des Geistes sind Kennzeichen wahrer Heiligkeit!

Die Früchte sind das Entscheidendste auf unserem Weg zu Gott und damit auch das Entscheidendste in jeder Form der Erneuerung. Ich glaube, daß manche auf diesem geistlichen Weg, um den es eigentlich bei jeder Erneuerung geht, nicht gehen. Die Erneuerung geschieht ja durch Umkehr und Hinkehr zu Gott und nicht durch ein kurzes Umdrehen, durch ein In-die-andere-Richtung-Schauen, sondern durch ein In-die-andere-Richtung-Gehen. Dies aber ist ein lebenslänglicher Prozeß. Ich glaube, daß manche nicht eigentlich gehen; denn kaum haben sie sich umgedreht und den Herrn gesehen, fangen sie schon an zu hamstern: Sie wollen irgendwelche Gaben des Geistes haben, um anzugeben, um das Ich auszuleben . . .

Diese Gefahren sind gegeben; deshalb sollten wir hier auch die Erfahrung der Kirche ernst nehmen, daß jemand, bevor er in eine solche intensive Gemeinschaft mit Christus eintritt, zuerst einmal ein *Noviziat* machen muß.

Überlegen Sie einmal, ob Sie in Ihren Gebetsgruppen ein solches Noviziat verlangen oder ob da jeder hineinmarschieren kann, so wie er gerade kommt, ohne irgendeinen bewußten Schritt, ohne Vorbedingung.

Wenn wir die Nachfolge Christi, entsprechend den Stufen des geistlichen Lebens, wirklich miteinander leben (jeder einzelne in seinem Alltag, aber dann gemeinsam in der betenden Gruppe), dann werden die Menschen zu uns nicht so einfach hineinlaufen können wie zu einem allgemeinen Fest. Sie können zwar beim Schlüsselloch hineingucken und erschrecken: „Was sind denn das für Typen; die sind ja ganz anders, wenn man sie so erlebt.“

Zuerst werden sie spotten; genauso, wie es schon in der Apostelgeschichte steht. Mit der Zeit aber werden sie neugierig; denn so übel sind die gar nicht, wenn sie wirklich Christus folgen. Sie sind so hilfsbereit und lachen auch noch, selbst wenn sie auf die Nase fallen. Auf einmal interessieren sie sich, und dann können sie vom Wort Gottes getroffen werden; dann können sie für den Schritt in die Gemeinde bereitet werden.

Darin haben wir bereits einen Grund, warum manche Pfarrgemeinden, Ordensgemeinschaften oder Gebetsgruppen auseinanderfallen oder geistlich zerfließen oder sich in Wohlgefallen auflösen, weil jeder ohne Entscheidung dazu kann; und so können sie keinen Leib Christi aufbauen, sie zerstören eher den Leib Christi.

Ich will Ihnen nur zeigen, wie wichtig es ist, daß wir es zuerst wagen, den Weg der Reinigung und Läuterung zu gehen.

Ein Mensch, der Christus gefunden hat, sollte nicht denselben Fehler machen wie Paulus: vom Pferd fallen, aufstehen, sich taufen lassen und in die Synagoge rennen, um alle Juden zu bekehren. Das hat er einmal gemacht; dann ist er hinausgeflogen. Er hat gemerkt: So nicht, mein Freund! Sodann ging er in die Wüste, jahrelang; und dort geschah die zweite Umkehr. Als er aus der Wüste kam (und das können Sie von allen Gestalten der Bibel sagen, die in die Wüste geführt wurden),

wußte er, was er zu tun hatte; da konnte er sein Leben einsetzen, bis zum Letzten.
Manche von uns wagen diese Wüste, dieses Noviziat, nicht.
Kaum von Gott berührt, wollen sie sich ausstrecken und die Welt verändern. Zuerst aber muß einer sich selbst verändern. Es war ja erst der Anfang. Gott hat mich erfaßt. Ich habe mich erst umgedreht und habe ihn gesehen. Das ist sicher toll; und jetzt gehe ich zuerst einmal mit, damit ich die Geschwindigkeit herausbekomme, mit der man Christus nachfolgen kann. Dann erst kann ich andere einladen und mitnehmen, aber nicht vorher!
Die Suche nach Gaben des Geistes kann zu einer großen Gefahr werden.
Und zwar in dem Sinn, wenn ich mit den Gaben angeben will, wenn ich sage: ,,Ich kann das, bei mir klappt das.“ Es geht dann gar nicht mehr um Heiligkeit, sondern um Show, Aufmachung usw. Das meine ich, wenn ich von Gefahr spreche. Das andere Extrem besteht darin, wenn manche Menschen schon gar nicht mehr die Hände ausstrecken, um von Gott solche Gaben für andere in Empfang zu nehmen, weil es demütigend ist.
Was ich jetzt gesagt habe, das sollte positiv aufgefaßt werden, damit wir ein Fundament haben, um uns Größeres von Gott für andere schenken zu lassen.
Die Gaben des Geistes sind nicht nur zu meiner Heiligung, sondern vor allem zum Dienst am Aufbau der Gemeinde gegeben. Es ist daher wichtig, daß wir auch bereit sind, solche Gaben um der anderen willen anzunehmen.

II. DIE GEISTESGABEN IN DEN GEBETSGEMEINSCHAFTEN

Ich möchte jetzt etwas über diese Geistesgaben im allgemeinen (und zwar in den Gebetsversammlungen) sagen.

Wir erleben, im Sinne des Mangels gesprochen, doch viele Gebetskreise, in denen diese Gaben des Geistes nicht ernstgenommen werden; Kreise, in denen die Gaben gar nicht angestrebt werden, wo man sich nicht getraut, diese Gaben zu üben.

Das kann auch ein Grund dafür sein, daß eine echte Ermüdung eintritt, weil von Gott her keine Impulse kommen dürfen.

Wir machen es dann selber.

Viele Gebetsgruppen müssen sich erst einmal soweit entwickeln, daß sie diese Geistesgaben überhaupt erfahren können.

Die ersten Schritte werden die sein, daß wir miteinander geistlich leben!

Es gibt noch relativ viele Gebetskreise, die danach suchen, in denen Gaben aber trotzdem nicht aufkommen. Viele Gruppen hingegen haben auf dem Gebiet der Geistesgaben ein ganz neues Wachstum erfahren und erlebt, indem sie in ganz einfacher Weise dem Herrn gegenüber empfänglich wurden.

Ich möchte jetzt über diese Voraussetzungen einer Gebetsgruppe sprechen, damit Gott solche Gaben auch geben kann; und damit wir auch fähig und bereit sind, sie anzunehmen. Das erste sagt uns der heilige Paulus in 1 Kor 14,1.

1. Jagt der Liebe nach!

„Jagt der Liebe nach! Strebt aber auch nach den Geistesgaben, vor allem nach der prophetischen Rede!" Paulus sagt also nicht nur: „Bereit sein, wenn Gott will." Das ist auch wichtig, aber Paulus sagt: „Jagt . . . nach!" Das ist nicht egoistisch gemeint; es ist um des Leibes Christi willen gemeint. Ich sage es noch einmal: *Die Voraussetzung ist geistliches Leben!* Dann wird den Gebetsgruppen von Gott her ein solides Fundament geschenkt. Wir aber sollen danach jagen! Was Paulus in 1 Kor 14,1 sagt, ist ein Beginn für das Sich-Öffnen auf die Gaben des Geistes hin. Wenn also ein Gebetskreis in Einheit Geistesgaben erstrebt, dann wird der Herr sie gerne schenken. Hören Sie jedes Wort!
Wenn ein Gebetskreis in Einheit diese Geistesgaben erstrebt, dann wird der Herr sie gern schenken!
Wenn Sie aber Leute dabei haben, die davon nichts wissen wollen oder die es komisch finden, dann ist keine Einheit gegeben: Dann wird jeder seine Schwierigkeiten haben, wenn er meint, Gott dränge ihn, vielleicht ein Wort zu sagen. Er wird es nicht sagen – aus Angst davor, was die oder jene denken. Man ist sich gegenseitig nicht sicher! Das aber ist meistens bei Gebetsgruppen der Fall, die wie ein Taubenschlag sind, wo jeden Tag ein paar andere Spatzen mit dazufliegen und wieder ausfliegen; die nur begucken, was da so alles läuft, aber kein Interesse haben, sich diesem Gott auszuliefern.
Ich werde später noch sagen, was für die Annahme der Geistesgaben Voraussetzung ist, die ja bei solch Hineinfliegenden und Herausfliegenden überhaupt nicht gegeben ist und auch gar nicht gegeben sein kann. Das

soll kein Urteil sein, sondern nur eine Feststellung. Aus diesen Gründen sind sich dann jene, die schon länger zusammen sind, dauernd unsicher. Sie sind sich gegenseitig nicht sicher und nehmen solche Gaben des Geistes, wenn sie vielleicht anfanghaft kommen wollen, nicht an, weil man sich ja selber nicht klar ist, ob es echt ist oder nicht. Man würde eine Prüfung wünschen, aber man getraut sich nichts zu sagen, weil man nicht weiß, ob derjenige, der gerade wieder hereingekommen ist, auch richtig reagiert. So können Gaben, die Gott schenkt – eben zur Führung einer Gemeinde schenkt – nicht gegeben werden. Das kann mit Grund eines Sterbens, eines Versandens sein, weil Gott keine Impulse geben darf.

Für Paulus waren Gaben des Geistes nicht nur Hilfen zum Dienst außerhalb der Gemeinde im Sinne des Apostolates, sondern auch Hilfen für den Gemeindegottesdienst. Dies beschreibt er ja in 1 Kor 14.

Es wäre also wichtig, daß die Gebetsgruppe motiviert wird, damit sie in der Einheit bereit ist, solche Geistesgaben anzunehmen, im Sinne von *erstreben!*

Die Gruppe soll im Gebet immer wieder Gott wissen lassen, daß sie bereit ist, sich von ihm beschenken zu lassen. Jeder einzelne soll aber auch bereit sein, etwas auszusprechen, das ihn ständig bedrängt. Die anderen sollen dies prüfen. Jeder soll diese Prüfung wünschen. Dabei müssen wir ehrlich zueinander sein, auch wenn fünfzigmal festgestellt wird: „Das ist dein eigenes Denken, und es berührt niemanden." Aber trotzdem, immer wieder, wenn ich meine, es drängt mich etwas, darf ich es neu versuchen. Es geht ja nichts kaputt, wenn ich einen Gedanken von mir preisgebe. Das tut ja niemandem weh. Da bricht keiner im Glauben zu-

sammen. Ein echtes Problem ist, daß bei vielen Gruppen die Einstellung gegenüber den Geistesgaben eben geteilt ist.
Obwohl viele die Geistesgaben haben möchten, sind sich andere in der gleichen Gruppe darüber überhaupt nicht so sicher. Die Voraussetzung ist ja die Ganzhingabe an Gott. Sie können Gaben des Geistes immer nur unter dieser Voraussetzung annehmen, daß sie hingegeben an Christus sind.
Es ist ein dauernder Vollzug der Ganzhingabe notwendig, damit der Herr durch mich handeln kann und nicht ich handle; sonst mißbrauche ich echte Geistesgaben, was ja sehr oft in der Kirchengeschichte passiert ist. Gott nimmt sie dann nicht gleich zurück, wenn ich sie egoistisch mißbrauche. Das Zögern und der Zweifel einiger weniger schon summiert sich und erschwert es den anderen in einer betenden Gemeinde, diese Gaben sichtbar werden zu lassen.
Gerade über dieses Problem sollten die Leiter eines Gebetskreises mit ihren Leuten sprechen. Sie spüren dann auch, daß es schwierig ist, wenn tatsächlich in jeder Gebetsversammlung immer wieder Leute neu dazukommen und weggehen. Sie können ja nicht jedesmal die Leute neu motivieren. Diejenigen, die kaum erst hereingekommen sind, haben ja keinen Sinn dafür.
Wir müssen den Grundaufbau eines Leibes ernstnehmen. Ein Leib besteht aus Zellen; auch der mystische Leib besteht aus Zellen. Auch die Jüngergemeinde Jesu bestand doch aus Zellen: Er hat aus den vielen Jüngern zwölf herausgewählt; aus diesen zwölf hat er wieder drei ausgewählt; und aus diesen dreien hat er wieder einen ausgewählt. Das waren lauter Zellen. Eine Le-

bensgemeinschaft wird nur so leben können, wenn sie aus solchen lebendigen Zellen besteht. Wenn wir eifersüchtig werden, weil jemand in der Zelle wächst, dann ist noch viel faul; dann sind wir noch nicht an Christus hingegeben. Deshalb haben wir so viele halblebige Zellen in unserem Leib, so richtig wuchernde Zellen, die zwar meinen, Christus zu gehören, aber so viel Egoismus in sich haben und alles nur gegen oder für sich sehen, aber nicht auf Christus hin.
Das aber sind Dinge, die uns das Wachstum schwermachen. Wir sollten dann auch den Mut aufbringen und neu anfangen! Wir müssen natürlich selber prüfen, was möglich ist. Ich habe so etwas erlebt. Es gab auch Schwierigkeiten. Der große Kreis bestand schon jahrelang; doch er war total am Auseinanderfallen – aus allen möglichen Gründen. Die Leute liefen hinein und hinaus wie in einem Taubenschlag. Einige der Gruppe haben wirklich hingegeben an Christus gelebt. Denen habe ich gesagt: „Habt doch den Mut, etwas Neues anzufangen. Überlaßt den anderen den Kreis und beginnt einfach neu mit einer kleinen Zelle zu zweit oder zu dritt, aber ganz hingegeben an Christus." Sie haben wieder angefangen. Im Nu war der Kreis wieder auf vierzig Personen gewachsen; aber jetzt sind Leute dabei, die echt mitgehen!
Ein neuer Anfang ist oft die einzige Möglichkeit; denn diejenigen, die spüren, daß sie ganz hingegeben an Christus leben wollen, die wollen auch eine andere Gebetsweise in sich erfahren. Jene werden es gar nicht mehr aushalten, laut und im Halleluja den ganzen Abend zu verbringen. Sie werden auch miteinander ins Schweigen kommen wollen. Die Stufen des geistlichen Lebens werden sich auch im Gebetskreis bemerk-

bar machen. Der eine möchte betend da sein, er möchte schweigen. Der andere, der eben erst gekommen ist, ist begeistert und möchte dies auch ausdrücken. Er denkt aber vielleicht über den Schweigenden: ,,Was ist denn mit dem, hat der was?"
In einer guten Gruppe muß man die geistlichen Stufen kennen, sich gegenseitig sicher sein und einander annehmen, so daß der eine, der heute abend schweigend betet, vielleicht einen tiefen Beitrag aus dem Schweigen heraus bringt, vielleicht nur einen, während der andere den ganzen Abend ,,jodelt". Man wird innerlich zum *schweigenden Hören* geführt. Es entstehen immer mehr Pausen, entsprechend dem organischen Wachstum des geistlichen Lebens.
Kaum aber sind ein paar Neue da, dann glauben wir, mitmachen zu müssen, weil die sonst wieder davonlaufen; und gegen die Führung des Geistes fühlen wir uns verpflichtet, ein ,,Hali-Halo" zu machen. Das wirkt aber dann auch nicht mehr echt. Merken Sie die Schwierigkeit? Warum also geben wir diesen geistlich begründeten Prozessen keinen Raum?
Es geht nicht um ein *Sich-besser-Fühlen,* sondern im Gegenteil um ein *Sich-verantwortlich-Fühlen;* so daß dann solche, die wirklich spüren, daß sie ganz an Christus hingegeben leben wollen, für sich eine Gruppe bilden. Das kann vielleicht mit zweien beginnen, die sich gegenseitig sicher sind, die eben ganz an Christus hingegeben leben wollen, die alle Läuterungen des Alltags echt von Gott her annehmen – bis hin zu Verleumdung und Unverstandensein. Es kann sein, daß eben diese für sich eine Gruppe bilden – nicht abgesondert von den anderen, sondern verantwortlich für die anderen: Das wäre ein Zeichen für die Echtheit. Es

könnte eine Gruppe werden, die das innere geistliche Leben miteinander pflegt und sich trotzdem in der Leitung der anderen weiter verantwortlich fühlt. Diese Gruppe wäre gleichsam das Noviziat für eine neue Gruppe. Menschen, die in dieses Noviziat geführt werden, könnten mit der Zeit zu einer verbindlicheren Lebensgemeinschaft wachsen – zu einer Gemeinschaft ohne besondere Gesetzmäßigkeiten, in der aber schon verbindliche Normen gelten, weil man sich gegenseitig sicher ist.

Eine solche Gruppe könnte das Leitungsteam eines größeren Gebetskreises sein: zwei, drei, fünf oder zehn Personen, je nachdem. Diese kleine Gruppe stellt praktisch das Leitungsteam des Gebetskreises dar, ohne daß dies besonders betont wird. Die Gruppe bildet das Leitungsteam einfach vom Vollzug her. Sie ist die Gemeinschaft, die vorbereitend betet und sich gegenseitig hilft, die Geistesgaben *einzuüben*. Verstehen Sie das bitte richtig: *Einüben* meine ich im Sinne von *kommen lassen*. In dieser Gruppe ist man sich einfach sicher, daß man Impulse aussprechen darf. Es wird alles von den anderen geprüft, und diese sagen, ob sie betroffen sind oder nicht. Sie sagen, ob Gott sie ins Herz getroffen hat, ob es ein Wort von Gott her ist oder nicht! All das, was man in diesem Leitungsteam, in dieser Intensivgruppe, erlebt, kann man dann, wenn es geprüft ist, auch in die Großgruppe hineingeben.

Wenn jetzt jemand, der immer wieder ein bestimmtes Empfinden hat, meint, er solle jetzt etwas sagen, dann kann er dies in einer solchen Kerngruppe tun. Er kann es tun, auch wenn er nicht genau weiß, ob das Gesagte von ihm oder von Gott ist. Er kann immer wieder sprechen, und die anderen sagen ihm vielleicht: „Das hat mich getroffen."

Wenn einer bei einer Gottesdienstleitung immer wieder Impulse bringt und die Gruppe ausschließlich positive Erfahrungen macht, dann wird sich derjenige immer sicherer, daß es sich hier nicht um seinen eigenen Gedankengang handelt, sondern daß es tatsächlich ein Impuls von Gott her ist. Erst dann kann er es wagen, auch in der Großgruppe einfach einmal solch ein Wort zu sagen, ohne Angst haben zu müssen, daß etwas kaputtgehen könnte; dann ist das Wort von Gott gegeben für jemanden, der dann auch wirklich betroffen wird. Wir haben den Mut dazu, wenn das Wort vorher geprüft ist. *So kann in der Kerngemeinde geistliches Leben intensiver wachsen.* Man ist sich gegenseitig sicher. Man erlaubt einander zu schweigen; tiefere Beiträge kommen aus dem schweigenden Beten. Man erlaubt dem einen, laut zu beten; dem anderen, im hörenden Schweigen da zu sein. Man weiß gegenseitig, daß man so oder so sein darf. Dies ist der Raum für das Zulassen der Gaben des Geistes; dadurch, so glaube ich, wächst eine gesunde Grundzelle, die die anderen unheimlich bereichert.

Wenn alle durcheinander sind, also gesunde und kranke Zellen – oder wie Paulus sagt – starke und nicht starke, dann entsteht ein kranker Organismus. Wenn die gesunden Zellen aus der Kerngemeinde ihre Nahrung haben, dann können sie die kranken Zellen der Großgruppe stärken, bis diese selber gesund werden. Es wäre wünschenswert, daß in einer Pfarre viele gesunde Kerngruppen entstehen, einzelne Hauskreise, die die ganze Pfarre immer mehr durchziehen.

Ich bin überzeugt, daß es nur weitergeht, wenn wir gesunde Zellen auch innerhalb der heranwachsenden Zellen aufbauen. Wir müssen dies immer in der tiefsten Demut tun. Wir dürfen nicht meinen, wir seien etwas Besseres oder wir hätten schon mehr begriffen. Wenn geistliches Leben echt ist und wenn Hingabe an Christus echt ist, werden Sie immer mehr Ihr Elend und Ihre Sünde vor Gott erkennen – und dies mehr als ein Anfänger, der sich sündenlos fühlt. Sie möchten am liebsten jeden Tag beichten gehen, obwohl Sie nichts Besonderes verbrochen haben; so werden Sie aber in eine echte Demut hineingeführt. Normalerweise ist dies kein Problem, wenn es sich um echtes geistliches Leben handelt. Gott führt uns ja immer mehr zur Selbsterkenntnis, indem er sich uns zu erkennen gibt. Indem er sich zu erkennen gibt, erkennen wir uns wieder in seinem Bild.

In einer solchen Kerngemeinde, aber auch in einer größeren Gebetsgruppe, in der man schon länger zusammen ist und sich kennt, in einer Gruppe, die nicht so fluktuierend ist, sollte der Leiter den Kreis auf die eben besprochenen Dinge aufmerksam machen – auf das Zulassen der Gaben des Geistes.

Der ganze Gebetskreis kann auch regelmäßig um diese Gaben des Geistes beten. Dann wird aus dieser Gruppe eine Einheit in ihrem Streben nach diesen Gaben. Durch das Gebet werden viele Vorbehalte, sei es aus Angst oder Mißtrauen, abgebaut. Es muß offen gesagt werden, daß die Gebetsgruppe eben charismatisch sein soll. Die Geistesgaben sollen in ihr zum Dienst am Aufbau des Leibes Christi erfahren werden; damit ist aber dann auch die ganze Kirche charismatisch. Wenn ich dieses Wort an dieser Stelle sage, dann gilt es für die ganze Kirche. Lesen Sie in diesem Zu-

sammenhang die Konzilsdekrete des II. Vatikanischen Konzils!
Vieles kann einfach dadurch entstehen, daß man offen über diese Gaben des Geistes in einer Gebetsgruppe spricht. Es wird eine große Hilfe sein, wenn sich die Mitglieder darüber verständigen und sich die Gaben des Heiligen Geistes wünschen. Wenn sich jeder dessen bewußt ist, daß sich jeder der Gruppe die Gaben wünscht, dann kann man auch frei darum beten und auch frei diese Dinge aussprechen. Wenn sie sich aber gegenseitig nicht sicher sind, dann wird keiner fähig sein, Impulse einfach einmal auszusprechen und prüfen zu lassen.
Das Ziel der Gemeinde ist ja immer, verbindliche Gemeinde und nicht ein Knochenhaufen zu sein, wie wir das manchmal sind; Knochen, die so in der Gegend herumliegen, wie es ja der Prophet Ezechiel gesehen hat; Knochen, die miteinander überhaupt nichts zu tun haben; Knochen ohne Sehnen. So aber sind wir manchmal, auch als Gebetsgruppe. Wir kommen zusammen, wie zu einer Tankstelle, wollen ein bißchen anzapfen, interessieren uns aber nicht für den anderen Knochen, wollen immer nur haben und nicht geben. So aber geht es nicht. So eine Gruppe muß ja zugrunde gehen; da kommt doch kein Leib zustande.
Eine intensive Gebetsgruppe, eine Kerngruppe, muß in einer ganz intensiven Einheit stehen. Es genügt, wenn nur zwei in dieser Gruppe sind – aber in Einheit. Diese müssen ihr geistliches Leben auch immer als Dienst am Aufbau des ganzen Leibes – und nicht als Privatvergnügen – sehen. Ihr Motto sei: „Ich heilige mich für sie." Denken Sie an Paulus.
Wenn sich die einzelnen Glieder der Gruppe über

diese Dinge im klaren sind, dann haben sie auch den Mut, Fehler zu machen. Wenn sie wissen, daß sie voreinander sicher sind und keine Angst haben müssen, daß nachher darüber geredet wird, dann werden sie sicher den Mut haben, Gaben des Geistes auch selbst auszuüben; sodann kann man diese Gaben auch in der Seelsorge gebrauchen.

Für eine intensive Gebetsgruppe brauchen wir ein intensives Vertrauensverhältnis!

Das hat nichts mit Geheimnistuerei zu tun, es hat mit Vertrauen zu tun. Um es ganz klar zu sagen, es hat etwas mit dem Beichtgeheimnis zu tun; so daß einer, der etwas Persönliches ausdrückt, denen, die da sind, vertrauen kann. Er muß sich sicher sein, daß sein Beitrag nicht morgen lächelnd und spöttelnd an die große Glocke gehängt wird. Darin zeigt sich Lebensgemeinschaft. Sie würden es doch auch als Ehepartner ganz gemein empfinden, wenn draußen irgendwelchen Leuten, die mit Ihrer Familie nichts zu tun haben, persönliche Dinge über Sie erzählt würden; Dinge, die Sie im Vertrauen gesagt haben. Das ist doch Vertrauensbruch in einer Gemeinschaft. Es ist daher nicht Geheimnistuerei, wenn man zusammenhält und solche Dinge verschweigt. Das gilt für jede Lebensgemeinschaft. Das gilt auch für eine Ordensgemeinschaft. Wenn da einige drinnen sind, die auf die Straße gehen und erzählen, was in dem Verein los ist – und wo ist nicht was los? –, so ist dies Vertrauensbruch. Genauso gilt dies für eine Gebetsgruppe. Merken Sie, das hat nichts mit Geheimnistuerei zu tun, das hat mit Vertrauen zu tun. Da können Sie unterscheiden, ob die Gebetsgruppe wie ein Taubenschlag ist oder ob es eine Lebensgemeinschaft ist, eine verbindliche Gemeinschaft von Glaubenden, die wirklich in Christus eins ist und sich aufeinander verlassen kann. Das muß eine Voraussetzung sein. Bei einem Taubenschlag haben Sie diese Voraussetzung nicht. Sie können dort nicht einen, der gerade hereinkommt, sofort auf das Schweigen verpflichten. Jener könnte dies ja vollkommen falsch auffassen und meinen, es wäre so ein Geheimbund. Das wäre ja erst wieder verkehrt. Es geht um das persönliche Vertrauen. Ist dies vorhanden, dann können wir es auch wagen, Fehler zu machen. Da wird keiner darüber lachen, sondern mir helfen, mich zu prüfen. Darum gehört zu der Annahme einer Geistesgabe Ganzhingabe an Christus und die Bereitschaft, sich prüfen zu lassen und geprüft werden zu wollen. Es wollen sich aber nicht alle prüfen lassen. Manche sind beleidigt, wenn man ihnen sagt: ,,Du, diese Töne, die du gerade losgelassen hast, die sind von dir, aber nicht von Gott; das ist genau dein Gedanke, den du immer schon hast, den du durchdrücken willst.''

Vor kurzem hat mir jemand bei einer größeren Versammlung einen Zettel gegeben und mich um meine Meinung gefragt. Ich habe dazu gesagt: ,,Das ist reines Fleisch, das hat mit Geist überhaupt nichts zu tun.'' Es sollte ein prophetisches Wort gewesen sein. Auf dem Zettel stand, daß die da vorne nur tun, was ihnen gefällt und das andere nicht.

Paulus sagt ganz klar in 1 Kor 14,3:,,Wer aber prophetisch redet, redet zu Menschen: Er baut auf, ermutigt, spendet Trost.'' Es ist kein Gerichtswort in dem Sinn, daß jemand fertig gemacht wird.

So merken Sie schon, daß Menschen, die einschnappen, wenn man ehrlich ihr Wort prüft, keine Voraussetzung zur Erlangung der Gaben des Geistes haben; deshalb muß man sich einfach gegenseitig sicher sein. Wenn das jeder versteht, wenn jeder den Wunsch hat dazuzulernen – und dazu gehört auch, Fehler machen zu dürfen –, dann werden die einzelnen viel eher fähig sein, prophetisch oder in Sprachen zu reden. Vor allem wird man ermutigt, etwas zu sagen; man kann es ja prüfen, ob es echt ist.

Wir müssen uns klar sein, daß die Gaben des Geistes sehr vielfältig, oft aber auch ganz einfach und schlicht sind. Manchmal vermutet man auf den ersten Blick gar nicht, daß es sich da um eine Gabe des Geistes handelt.

Es sind oft ganz massive Dinge, die Gott gerade durch das Demütige, Kleine und Schlichte bewirkt.

Darum muß man einander helfen und animieren, solche Dinge einmal auszusprechen; aber dazu brauche ich einen Kreis, indem ich es darf.

Es macht viel aus, wenn man weiß, daß Liebe in einer Gruppe ist, so daß jeder gerne lernt, wie man mit Gaben des Geistes umgeht, und daß alle dabei bereit sind, zusammenzuarbeiten. Dies wäre also die erste Hilfe, daß solche Gaben des Geistes in einer betenden Gruppe auch Raum finden können.

Trachtet nach den Geistesgaben! Im wahrsten Sinn des Wortes: *Trachtet nach den Geistesgaben!* In dieser Weise, wie ich es gesagt habe: indem wir die Leute motivieren, einladen, spüren lassen, daß sie gewünscht sind, daß wir dankbar dafür sind, was Gott durch jeden tut. Die Liebe also ist die erste Voraussetzung in einer Gebetsgruppe: Jagt der Liebe nach!

2. Werdet freier in der Anbetung und im Lobpreis!

Dies ist auch eine wichtige Voraussetzung für die Gaben des Geistes, da ja Anbetung und Lobpreis nichts anderes sind als Fortsetzung der Ganzhingabe, eine betende Vertiefung der Ganzhingabe: ,,Herr, ich habe nichts mehr an dir auszusetzen, du bist mein Gott." Das ist Anbetung: ,,Du bist alles, ich bin nichts."
Gerade am Anfang unserer Erfahrungen in Gebetskreisen lernt man immer wieder, daß die Geistesgaben am ehesten in einer Gemeinschaft sichtbar werden, die den Herrn anbetet und lobpreist. Sie erleben aber oft in Gebetsgruppen, daß das ein Bitten und ein Betteln ist. Da kann natürlich so etwas wie eine Geistesabgabe nicht besonders gut aufkommen.
Es wäre also eine anbetende Gemeinde notwendig, die wirklich in der Anbetung – das heißt, in der Hingabe an Gott – steht und damit auch hörend ist.

Dazu ein Beispiel: Ich denke gerade an eine Person, die geglaubt hat, sie brauche eine konkrete Gabe des Geistes. Der Wunsch war bestimmt nicht unberechtigt. Was jetzt folgt, klingt vielleicht ein bißchen übertrieben, aber ich sage es einfach, wie mir die Sache erzählt wurde:
Der Mann hat mit anderen eine einige hundert Kilometer lange Autofahrt einfach im Lobpreis verbracht – und zwar im unaufhörlichen Sprachengebet. Am Schluß dieser Fahrt bekam dieser Mann dann plötzlich jene so ersehnte Gabe. Gleichzeitig damit erkannte er ganz massiv, was er bisher verkehrt gemacht hatte. Dies war ein Zeichen dafür, daß auch die Gabe echt war.

Dies ist ein Beispiel dafür, daß wir in der Anbetung und im Lobpreis stehen sollen. Gott kann diese Geistesgaben geben; vor allem, wenn wir ganz in der Hingabe stehen. Das heißt jetzt nicht, daß Sie sich ins Auto setzen, ein paar hundert Kilometer fahren, in Sprachen beten, und dann kommt's. Das wäre dann wieder so typisch wie das Wirken eines Automaten. Es ist nur ein Beispiel, das zeigen soll, daß in einer anbetenden Gruppe Gaben des Geistes aufkommen werden, wenn sie zugelassen werden.
Man kann auch feststellen, daß dort, wo wenig Lobpreis ist, die Geistesgaben entweder ganz fehlen oder sehr schwach sind oder nur ganz am Rande in Erscheinung treten. Man nimmt sie gar nicht wahr. Da sagt einer etwas, und man kümmert sich gar nicht darum.
Wenn die Geistesgaben aus dem Herzen einer Gemeinschaft fließen, dann kommen sie aus einer Atmosphäre der Einheit, denn Anbetung ist nur in Einheit möglich. Sie kommen aus der Ausrichtung auf den Herrn, der ja der Inhalt der Anbetung ist. Es ist ein Schauen auf ihn. Das ist Anbetung.

Gott allein kann die Gaben des Geistes schenken!

Gott allein kann sie schenken, man kann sie nicht machen. Wenn wir danach Verlangen haben, dann sollen wir uns im Lobpreis an den Herrn wenden. Ich möchte Sie dazu sehr herzlich einladen. Wir werden dann am ehesten in der Lage sein, die Gaben des Geistes auch zu empfangen. Lassen Sie da leiseste Anregungen zu; dort, wo Sie sich gegenseitig sicher sind, um sie dann zu prüfen. Prüfen heißt, nach der Wirkung zu fragen. Es kann manchmal sein, daß Sie im Augenblick gar nichts empfinden, daß niemand in der Gruppe angesprochen ist. Und in der nächsten Woche trifft im

nachhinein plötzlich jemanden der Sinn des Beitrages. Jener soll dies dann das nächste Mal sagen, damit derjenige, der das Wort ausgesprochen hat, eine Sicherheit bekommt und weiß, daß es nicht nur sein eigener Gedanke war. Er wird dann den Mut haben, das nächste Mal wieder so einen Impuls weiterzugeben.
Da müssen wir – merken Sie es? – einander helfen. Wir müssen sagen, was das Wort in uns wirkt. Auf die Seelsorge hin gesehen ist dies etwas unheimlich Wichtiges. Sie können kaum eine Seelsorge ausüben ohne solche Gaben des Geistes. Oder Sie brauchen viel, viel Zeit, und Sie kommen doch nicht ans Ziel.
Ich will Ihnen ein Beispiel sagen, um Ihnen bei solchen Dingen Mut zu machen, damit Sie erkennen, daß es hier wirklich um Hilfen geht zum Aufbau seines Leibes. Wir müssen diese Gaben annehmen, so steht es im Konzilsdekret über die Kirche. Wir müssen die Gaben des Geistes annehmen, weil sie gegeben sind für bestimmte Notlagen der Kirche, an diesem Ort. Müssen, heißt es!

Ein Erlebnis soll dies verdeutlichen. Ich wurde gefragt, ob nicht der Hausarzt, tiefgläubig, und seine Frau einmal zu einem Gespräch kommen dürften. Die Frau war schon ein halbes Jahr bei einem Psychotherapeuten in Behandlung. Es gab so manche innere seelische Schwierigkeiten. Da habe ich gesagt: ,,Was soll denn ich mit den Leuten anfangen? Wenn sie schon beim Fachmann waren, dann wissen jene doch mehr, als ich ihnen sagen könnte; und der Arzt selber ist doch viel gewiegter auf diesem Gebiet als ich. Ich bin doch kein Fachmann." ,,Vielleicht können Sie doch helfen", war die Antwort. ,,Nun ja, wenn sie kommen wollen, kann ich nichts dagegen haben." Das war meine Antwort in der Hoffnung, sie kommen nicht. Eine Stunde später aber sind sie schon gekommen. Mir hat das Herz geklopft. Ich habe nicht gewußt, was ich da machen soll. Die Frau hat angefangen zu erzählen. Sie hat erzählt und erzählt; alles, was der Psychotherapeut ihr beigebracht hat. Der Mann hat immer wieder eingegriffen und mir erklärt, wie ich das und jenes zu verstehen habe. Ich habe mir bloß gedacht: „Mensch, warum erzählen sie mir das, was soll ich dabei, das geht doch mich nichts an, meine Güte." In solchen Situationen muß ich dann immer kapitulieren. Das würde ich auch Ihnen raten, im Sinn der Ganzhingabe zu sagen: „Herr, ich habe da nichts zu sagen, ich weiß nichts. Wenn du mir nicht ein Wort gibst, dann schicke ich sie wieder heim. Was soll ich denn sagen?" Dann strecke ich in solchen Situationen meine beiden Antennen aus; eine zu Gott und eine zu den Menschen. Ich höre einfach, was die sagen, und höre zugleich auf Gott, ob der mir etwas sagt, und ich äußere dies meistens dann im Gebet.

Als sie dann fertig waren, haben sie auf mich geschaut. Dann habe ich gesagt: „Wir sind Christen. Der Herr ist unter uns, wenn wir versammelt sind. Darf ich jetzt einfach einmal mit Ihnen beten?" Die Antwort war ein zaghaftes Ja. Ich habe nicht das, was ich gehört habe, schön formuliert zusammengefaßt, sondern ich habe – wie immer – gebetet, *wie's kommt*. Dabei muß man natürlich dann in Kauf nehmen – Courage zur Blamage –, daß mitten drinnen im Satz alles aus ist und nichts mehr kommt. Ich habe also gebetet; und ich habe beim ganzen Beten den Eindruck gehabt: „Mensch, mir kommt doch überhaupt nichts Gescheites in den Sinn,

das ist alles so normal, so . . ." Da habe ich mir gedacht: ,,Nichts, mach weiter." Aber es war dann bald aus. Amen. Es kam nichts mehr.
Kaum hatte ich Amen gesagt, sagte die Frau: ,,Herr Pater, jetzt muß ich beichten." Oh du liebe Zeit, dachte ich. Der Mann wollte nach draußen, doch sie sagte: ,,Nee, bleib nur ruhig da, du kannst alles hören." Gut, sie haben sofort gebeichtet. Anschließend haben sie gefragt: ,,Können wir noch einmal beten?" – ,,Ja, ja" war meine Antwort. Da waren sie schon offener. Es kamen dann wieder so ganz einfache Sachen im Gebet, aber so ist es ja oft. Das ist es, was ich Ihnen sagen möchte: Es gehört Demut dazu, solche Dinge anzunehmen. Sie fühlen sich blamiert, wenn Sie nichts Gescheites gesagt haben, mit dem Sie hätten angeben können. Es kommt kein toller Gedanke, gar nichts, manchmal kommt es so *normal*. So war auch bald wieder das Amen da. Dann sagte die Frau: ,,Der Abend hat mir mehr gegeben als die ganze halbjährige Behandlung beim Psychotherapeuten. Ich geh' jetzt zu ihm und sag' ihm das!" Der Arzt sagte: ,,Ja, so etwas habe ich noch nie erlebt! Das werden wir in Zukunft miteinander auch tun."
Ich weiß bis heute noch nicht, was sie erlebt haben. Ich habe wirklich nichts Besonderes gesagt, ich habe ja nichts gewußt.

Wenn ich ganz an Christus hingegeben bin, dann gehört ihm auch alles. Er handelt dann durch mein Wort nicht nur menschlich, sondern er ist dann selber in diesem Wort anwesend und trifft die Menschen ins Herz. Ich muß Ihnen noch ein Beispiel sagen, damit Sie spüren, wie wichtig diese Dinge sind:

Ich war vor einiger Zeit in einer Ordensgemeinschaft,

und zwar in einer Gemeinschaft, wo sich alle gegenseitig kennen. Da hat mich eine Schwester gebeten, ich möge mit ihr beten, damit Gott ihr Kraft gibt und Heilung schenkt. Da habe ich halt wie Augustinus die Schrift aufgeschlagen und habe Gott gebeten, uns vielleicht irgendeinen Hinweis zu geben, worum wir beten sollen. Ich habe gelesen. Während des Lesens dachte ich: ,,Du lieber Gott, das hat doch mit unserer Situation jetzt überhaupt nichts zu tun. Wie komme ich jetzt aus dieser Patsche wieder heraus? Ich muß da erst einen Bezug zur konkreten Situation herstellen.'' In solchen Situationen gewinnt ja immer das Menschliche an Bedeutung; wie ich schon sagte: Courage zur Blamage! Als ich den Vers gelesen hatte, stand eine junge Schwester auf und sagte: ,,Pater, das ist für mich!'' Alle anderen haben verwundert geschaut. Dann aber hat die Schwester weitergesprochen und öffentlich bekannt: ,,Ich habe schon die ewige Profeß abgelegt; aber ich bin in das Kloster eingetreten mit der Absicht, Medizin zu studieren und nach abgeschlossenem Studium wieder auszutreten. Ich bin jetzt mit dem Studium fertig. Ich bin Facharzt und habe mich heimlich schon um eine Praxis umgesehen. Ich war fest entschlossen zu gehen. Aber wissen Sie, so etwas habe ich mein Leben lang noch nicht erlebt. Mir war es jetzt, als ob Christus vor mir stünde. Mir war es, als ob er mit diesem Wort mich persönlich meint. Jetzt weiß ich, daß ich eine echte Berufung habe, das habe ich jetzt erlebt.'' Diese Schwester ist nun schon drei Jahre als Missionsärztin tätig.

Nun überlegen Sie einmal. Wie machen Sie das mit menschlicher Weisheit, wenn niemand weiß, was diese Schwester vorhat? Niemand wußte es! Und gerade sie wird durch ein Wort getroffen, das ich selbst nicht verstand. Es war also ein prophetisches Wort. Es war Gottes Wort, gegeben für einen anderen. Bedenken Sie: Durch dieses Wort wird ein Mensch in einem Augenblick total verwandelt; ein Mensch, der jahrelang solche Absichten hatte und seine Profeß in solcher Absicht gemacht hatte – der wird getroffen!

Ein anderes Beispiel aus meiner Seelsorge. Bei meinen Kursen ist auch eine Mitarbeiterin dabei, die die Prophetengabe hat. Meist kommt ihr ein Bild, das sie dann auslegt. Vor kurzer Zeit kam zu ihr eine Frau um seelsorglichen Rat. Diese Frau war in tiefer Trauer, denn ihr Mann, ein gebürtiger Afrikaner, war gestorben. Sie hatte ihn sehr geliebt und konnte den Tod ihres Mannes nicht verkraften. Bevor diese Dame kam, hatte meine Mitarbeiterin einen Traum. Sie sah im Traum, wie der katholisch gewordene Mann von seiner ganzen Verwandtschaft gehaßt wurde. Er wurde verwünscht, vergiftet und umgebracht. Diese Dinge, so sah sie im Traum, diese Verwünschungen sind die tiefe Ursache der Depressionen der armen Frau. Da dies wohl keine organische Krankheit war, konnte natürlich kein Arzt helfen. Meine Mitarbeiterin hat mit dieser Frau gesprochen. Sie hat der Frau die Situation klargemacht, so daß sie die Zusammenhänge erkannte, und schließlich mit ihr gebetet. Sie betete um Befreiung und Heilung. In kurzer Zeit war die Frau vollständig von ihren Depressionen geheilt. Was hätte sie in dieser Situation ohne die Gabe des Geistes gemacht? Die Frau käme tage- und wochenlang – vielleicht noch heute – und wäre noch nicht geheilt.

Diese Beispiele sollen Sie ermuntern. Dem ganzen Leib der Kirche sind diese Gaben des Geistes angeboten. So sah es schon das Konzil. Es steht im Dekret über die Priester, daß die Priester diese Gaben des Geistes in den Laien aufdecken sollen; und zwar alle Gaben, leuchtende und schlichtere Gaben. Die Priester sollen diese Gaben sorgsam hegen und pflegen. Das ist eine der Aufgaben der Priester nach dem II. Vatikanum. Die Konzilsväter sprechen immer wieder von Erneuerung, ohne die Art ihrer Verwirklichung zu kennen. *Alles, was wir Erneuerung nennen, ist nichts anderes als Auswirkung des II. Vatikanums!*
Ich sage Ihnen dies, weil ich oft den Eindruck habe, daß Gaben des Geistes als private Angelegenheit gesehen werden.
Nach der Lehre der Kirche sind aber diese Gaben wichtige Dinge, die wir annehmen müssen zum Aufbau des Leibes Christi in der Gemeinde! Deshalb war die erste Forderung: *„Jagt nach!"*
Die zweite Forderung hieß: *„Werdet freier in der Anbetung und im Lobpreis!"*

3. Bittet den Herrn um sein Wort an uns!

Es geht hier darum, daß wir Gott wirklich bitten, durch einen anderen zu uns zu sprechen – und zwar in irgendeiner Form des Wortcharismas. Es kann ein großes Hindernis in der Ausübung der Geistesgaben darin bestehen, daß wir Gott nicht zu Wort kommen lassen. Wir beten ohne Unterbrechung und lassen somit den Herrn nicht reden. Wir reden ihn dauernd an, er aber darf nie zu uns reden. Es kommen oft keine Pausen zu-

stande, in denen wir hören. Wenn tatsächlich ein Wort von Gott kommt, sei es ein Schriftwort oder sonst ein Wort Gottes, dann wird meistens sofort darauf ein Dankwort oder Lobpreis gesprochen, und das in einem ganz anderen Anliegen. Diese Art ist aber unmöglich, denn das ist kein Hören auf den Herrn. Wenn dieses Wort tatsächlich von Gott war, kann es ja gar nicht weiterwirken, wenn darauf keine längere Pause folgt. Wir müßten dies alle im Blut spüren. In einer Pause kann man einfach hören und prüfen, ob dieses Wort für mich persönlich bedeutsam ist. Man kann überlegen, was dieses Wort bedeuten kann. Es wird ohne Gewalt einfach Zeit gelassen, damit dieses Wort *hineinsinken* kann, wenn es tatsächlich von Gott ist. Wenn jemand von diesem Wort angesprochen wird, würde ich sogar raten, daß er dies auch sagt: „Das Wort hat mich jetzt ganz massiv getroffen, das hat in mir jetzt etwas geklärt."
In einem Gottesdienst kann man durch so ein Wort vielleicht in eine ganz bestimmte Richtung geführt werden. Doch auch hier sollen wir zunächst einmal warten; warten und hören. Wenn dieses Wort von Gott her ergangen ist, dann sollen wir es auch in den weiteren Fluß des Gottesdienstes hineinnehmen. Da darf dann nicht anschließend z. B. eine Bitte um gutes Wetter folgen. Solange dieses Wort gilt, sollen wir uns davon auch im Gebet bestimmen lassen. Wir sollen dem Wort Raum geben; auch wenn dieses Wort einmal den ganzen Gottesdienst ausfüllt. Es kommt ja darauf an, wie stark wir von diesem Wort getroffen sind.

Vor kurzem habe ich in einer Gebetsgruppe in Stuttgart folgendes erlebt: Während des Gebetes kam mir plötzlich ein Wort, aber ganz simpel. Das Wort hat sich immer wieder bemerkbar gemacht: „Jetzt hört auf mich, ich habe euch etwas zu sagen." Ich dachte: „Das ist wohl dein eigener Gedanke." Es hat mir keine Ruhe gelassen. Da dachte ich: „Du mußt es doch probieren und sagen, um zu sehen, ob es echt ist." Ich wußte, daß ich das Wort in diesem Kreis sagen durfte, und ich habe es dann auch gesagt. Nach einem intensiven, zwanzig Minuten langen Lobpreis habe ich dieses schlichte Wort gesagt. Daraufhin entstand plötzlich eine Totenstille. Ich bin sodann unsicher geworden; ich dachte schon daran, ob ich jetzt etwas zerstört hätte. Ich meinte, das war jetzt alles schlecht, was ich da gemacht habe. Dann dachte ich: „Vielleicht bedeutet der Satz, daß ich jetzt die Heilige Schrift aufschlagen solle." Aber ich habe gewartet und gedacht: „Wenn das Wort von Gott war, wird etwas kommen, wenn nicht, dann verzeih' mir, Herr." Auf einmal sagt meine Nachbarin: „Als P. Buob das Wort sagte, habe ich die Heilige Schrift aufgeschlagen und bin dort auf ein Wort gestoßen, das mich zutiefst getroffen hat. Es war die Stelle Mt 7,24: „Wer diese meine Worte hört und danach handelt, ist wie ein kluger Mann, der sein Haus auf Fels baute." Die Frau hat dieses Wort vorgelesen, und es hat dann den ganzen Abend bestimmt. Das Wort war ganz massiv in unserem Beten und in der Selbsterkenntnis dieser Gruppe. Ja, sogar die nächste Gebetsversammlung war noch einmal von dieser Stelle bestimmt. Gott kann also ein derart einfaches Wort benutzen, um den Leuten zu zeigen, was vertieft werden muß.

Es ist also wichtig, ihn zu Wort kommen zu lassen, auf

ihn zu hören. Es ist wichtig, daß wir Pausen machen und nicht gleich wieder weiterbeten. Wenn ich Gott nicht zu Wort kommen lasse, wird er es künftig auch gar nicht mehr so leicht versuchen – menschlich gesprochen –, zu mir zu reden.
Wir sollen also den Herrn um sein Wort an uns bitten; und dann müssen wir ihn auch zu Wort kommen lassen. Unsere Versammlungen sind oft mit Singen, Bibellesen und Meinungsaustausch so vollgepfropft, daß darin wenig Raum bleibt, um auf Christus selbst zu hören. Prüfen Sie das einmal in Ihrer Gebetsgruppe! Prüfen Sie, ob die Gruppenzusammenkunft so läuft wie von „A bis Z". Meist meint man dann, wenn es so gelaufen ist, daß es toll war. Wenn Pausen waren, empfand man sie als langweilig. Da stimmt doch etwas nicht! Prüfen Sie es!
Wir müssen Gott sprechen lassen, denn sonst können solche Gaben auch nicht ausgeübt werden. Diese Gaben brauchen Raum. Vielleicht müßte man so einen Raum auch einplanen. Verstehen Sie das richtig. Ich meine einen Zeitraum, wo alle ganz bewußt schweigen und auf Gott hören. In dieser Zeit sollen wir nicht nachdenken und suchen. Nein, wir sollen meditierend hören. Und wenn jemand meint, es sei ihm ein Wort eingefallen, ein Schriftwort oder ein anderes Wort, dann soll er es einfach einmal heraussagen. Man wird schon merken, ob dieses Wort jemanden anspricht, jemandem hilft oder ob eine Wirkung sichtbar wird. Es ist wichtig, daß wir überhaupt den Raum für dieses Wort schaffen. Wenn so ein Wort auch nur ganz bescheiden kommt, soll man den Mut aufbringen, dieses Wort auszusprechen, weil auch der Raum gegeben ist, in dem man dieses Wort aussprechen darf.

Auf alle Fälle sollen wir auf Gott hören, ein Wort von ihm erwarten und erbitten.
Es sollte daher immer Zeiten geben, in denen die Gruppe im Gebet verharrt und wirklich darauf wartet, daß der Herr zu ihr spricht. Während eines solchen Hörens auf Gott wollen wir nicht nur mitteilen, was uns selbst in den Sinn kommt, sondern auch darauf warten, daß der Herr mich selbst anspricht, mir selbst ein Wort gibt – durch andere. Wir sollen also nicht nur hören, was der Herr mir für andere gibt, sondern auch hören, was er mir durch andere gibt.
Das ist nicht so leicht. Wenn Ihnen ein Wort gekommen ist, während ein anderer spricht, so kommen Sie leicht in Versuchung, Ihr Wort wie einen Drachen festzuhalten. Sie halten den Drachen an seiner Schnur; und vor lauter Festhalten hören Sie gar nicht richtig, was der andere sagt. Sie warten nur, bis eine Lücke kommt und Sie auch einmal dran sind. Sie müssen Ihr Wort, wenn ein anderer spricht, zuerst abgeben und dann auf den Herrn hören; hören in der Haltung: ,,Herr, was willst du mir jetzt sagen?" War Ihr Wort von Gott, dann wird es schon wieder kommen.
Das sind lauter praktische Anregungen. Wenn man diese nicht beachtet, dann zerschlägt man manches, was Gott geben würde.
Gott gibt seine Gaben immer in Schlichtheit, nie aufdringlich. Er ist ja dieser unaufdringlich liebenswürdige Gott.
Für viele kann dieses *Warten auf den Herrn* eine beängstigende Sache sein. Wir sind es oft nicht gewohnt, unsere eigenen Ideen und Impulse bei Gott einfach abzugeben. Das kommt uns manchmal richtig komisch vor, wenn wir auch nur kurz versuchen, den unaufhörlichen Strom unserer eigenen Ideen zu beseitigen.

Es kann beängstigend sein, wenn wir auf ihn warten; warten, daß er ein Wort an uns heranreifen läßt. Es kann schwer sein, auf das zu hören, was einer betet; aber auch in dem Gebet kann ein Wort an mich enthalten sein.
Es ist nicht der Sinn des gemeinsamen Betens, wenn ich immer überlege, was ich beten werde. Dadurch behindere ich mich nur. Der Sinn des gemeinsamen Betens ist, daß ich höre, ob Gott mir genau durch dieses Gebet etwas sagen will, und daß ich dieses Gebet zu meinem eigenen Gebet mache, bevor ich selbst weiterbete.

4. Vertraut darauf, daß der Herr uns die Gaben des Geistes geben will!

Wenn das Wort Gottes schon sagt: „Jagt . . . nach", dann will Gott die Gaben auch geben. Wenn das Konzil sagt: „Wir müssen die Gaben annehmen", dann will Gott sie geben. Jesus sagte uns ja, daß er uns alles geben will, worum wir den Vater in seinem Namen bitten (Mt 7,7–11).
Wir wissen, wie sehr der Herr wünscht, daß wir die Gaben des Geistes erhalten. In den Paulusbriefen spricht der Herr zu uns und sagt, daß wir die Gaben des Geistes nicht verachten sollen. Der Geist gibt jedem die Gabe zum Heil. Er gibt sie jedem! Jedem, heißt es in 1 Kor 12. Jedem werden die Gaben des Geistes zum Nutzen und zum Aufbau für die anderen geschenkt. Auch die Konzilstexte sprechen von *jedem* an zwei Stellen; im Laienapostolatsdekret und im Kirchendekret. Jedem wird die Offenbarung des Geistes

geschenkt, jedem auf seine Weise. Sie müssen einmal die Kirchenväter aus dem dritten und vierten Jahrhundert lesen. Sie zählen alle möglichen Gaben des Geistes auf, viel mehr als Paulus erwähnt. Es gibt ja – man könnte fast so sagen – unendlich viele Geistesgaben. Es gibt so viele Gaben des Geistes, wie Gott Möglichkeit hat, sich auszudrücken; Gaben des Wortes und des Dienstes. Wie vielfältig ist allein die Prophetengabe. Wir erleben sie im Wort, in einem Bild, im Traum, durch Körpersprache usw. Ich kenne eine Frau, die reagiert mit ihrem Körper. Wenn es um eine gute Sache geht, dann hebt sich automatisch ihr Körper; bei negativen Dingen sackt sie zusammen; wenn es sich um Neutrales handelt, dann bleibt auch sie neutral. Ich bin bei dieser Frau am Anfang erschrocken, doch ihre Reaktion war echt. Sie ist oft daraufhin geprüft worden. Diese Reaktion hat immer gestimmt. Solche Phänomene sind erstaunlich und zeigen uns, daß wir Gott nicht einschränken dürfen. Wir können nicht aus einer Gabe eine fixe Sache machen, so daß man nur so und nicht anders reagieren könnte. Wir müssen Gott die ganze Chance lassen. Er schickt die Gaben, wie er will. Wir sollen seine Vielfältigkeit entdecken wollen; dazu brauche ich natürlich einen guten Gebetskreis. Diese Vielfältigkeit Gottes zeigt sich darin, daß man manchmal merkt, daß durch kleinste Kleinigkeiten das Wachstum der Gruppe stark befruchtet wird.

Das Konzil spricht von schlichten und eher auffallenden Geistesgaben. Die schlichten Gaben sind aber nicht die minderen; sie sind oft die größeren, obwohl sie kaum auffallen.

Der Herr will die Gaben des Geistes jedem geben!

Denken Sie nicht, das gilt für mich nicht.

Wenn ich beim Seminar über die Sprachengabe gesprochen habe, dann gab es immer Personen, die begierig waren, diese Gabe zu erhalten. Es schien ihnen als etwas Seltsames. Es lockte sie die Vorstellung, in fremden Sprachen beten zu können. Sie stellten sich dies natürlich anders vor, als es wirklich ist. Ich habe oft erlebt, daß jemand gesagt hat: ,,Ja, das möchte ich auch gerne. Pater, bitte, beten Sie einmal mit mir.''
Wenn man dann mit ihnen in der Sprache betet, dann werden sie auf einmal ernüchtert, stehen auf und sagen: ,,Herr Pater, ich glaube, ich bin zufrieden mit den Gaben, die ich habe. Die Sprachengabe brauche ich nicht.''
Darauf antwortete ich: ,,Das ist eine andere Frage, ob Sie sie brauchen oder nicht; aber es fehlt Ihnen leider die Demut, sie anzunehmen, denn es kommt Ihnen so blöd vor.'' Diese Worte bejahen sie dann auch.
So ist das aber bei jeder Geistesgabe. Es ist demütigend. Man braucht immer eine *Courage zur Blamage!*
Darum muß man sich vorher prüfen lassen, damit man die Courage auch dann hat, wenn der Einsatz einer Gabe für die Seelsorge notwendig wird. Dieses Prüfen hat natürlich nichts mit Einüben zu tun, damit man dann so etwas machen kann.
Jedem wird die Gabe des Geistes geschenkt, jedem auf seine ganz persönliche Weise. Sie können sogar erleben, wie einfach durch die Darlegung von Gedanken echte Heilung geschehen kann. Sie können in einem einfachen Gespräch ihren Partner tief treffen, ohne daß Sie den Grund wissen. Es sind eben unauffällige Dinge, durch die der Herr wirkt. Wenn in Ihrem Gespräch Dinge geschehen, die Sie sich nicht erklären können, dann nützen Sie doch Ihr Gespräch und beten Sie! Wir

müssen doch nicht immer genau wissen, welche Gabe da jetzt konkret am Werk ist. Ob hier Weisheit, Erkenntnis oder sonst etwas wirkt, das ist doch egal! Die Hauptsache ist, daß die Gabe wirkt!
Suchen Sie nicht nach Auffallendem, sondern nach dem, was Gott tun will. Wirken Sie durch die Gabe, die Gott Ihnen schenkt!
Wir können zuversichtlich darauf vertrauen, daß der Herr die Gaben des Geistes geben will. Wir können sicher sein, daß er seine Gaben der Gruppe geben will. Es ist aber etwas anderes, wenn wir erwarten, daß Gott einer Person alle Gaben geben will. Wir sind da in unserer selbstgemachten Demut oft besonders großzügig. Wir bitten Gott, daß er einem ganz besonders frommen Menschen unserer Gebetsgruppe alles geben möge; selbst aber verzichten wir gerne auf die Gaben. Wir meinen da wohl, der andere möge sich ruhig für uns alle blamieren! – Oder stimmt es nicht?
Es soll also nicht einer alles erhalten, sondern jeder etwas Bestimmtes. Jeder erhält seine Gabe.
Es ist der Heilige Geist, der einem jeden seine Gaben so zuteilt, wie es sein Wille ist. (So heißt es bei Paulus.) Die Gaben sind dem ganzen Leib, der ganzen Gemeinde, gegeben. In dieser Gemeinschaft können wir auch erwarten, sie zu sehen. In letzter Zeit habe ich mir besonders über die Kirche Gedanken gemacht. Im deutschen Sprachgebiet haben wir doch eine sterbende Kirche. Es geht einfach nicht aufwärts. Ich bin aber überzeugt, daß entsprechend den Worten des Konzilsdekretes Gott für jede Not der Kirche besondere Gaben gibt. Wir benötigen im deutschen Sprachgebiet eben besondere, dieser Not entsprechende Geistesgaben. Diese Gaben werden anders sein als jene Gaben, die

derselbe Geist für Indonesien oder Afrika wirkt. Lassen wir sie auch zu? Wir beten nicht miteinander, wir gehen auseinander, manche Gaben sind uns zu gewagt. Wir wollen uns nicht blamieren.
Wir müssen an der Kritik der anderen auch immer prüfen, was daran stimmen kann. Wenn man nur sagt: ,,Die verstehen mich halt nicht", dann kann man auch manchen Egoismus zudecken. Auch wenn die Leute sagen: ,,Die spinnen", dann prüfen Sie sich und überlegen Sie: ,,Wo mache ich etwas übertrieben? Wo stoße ich ab, anstatt aufzubauen?"
Wir müssen immer die Ehrlichkeit haben, uns zu prüfen. Wir könnten in einem ehrlichen Eifer handeln, stoßen aber trotzdem ab; dann sollen wir das halt nicht mehr tun, wenn es nicht notwendig ist. Auch hier müssen wir also ehrlich sein, obwohl solche Angriffe normal sind. Jemand, der ehrlich Christus nachfolgt, wird zunächst einmal für andere komisch wirken. Das ist einfach das Schwert, das zwischen Mutter und Tochter, Vater und Sohn durchgeht. Dieses Schwert wird jede Lebensgemeinschaft erleben. Ich habe schon vielen Ordensoberen gesagt: ,,Wenn Sie Exerzitien haben wollen, dann halte ich sie nur, wenn Sie bereit sind, den Geist Gottes hereinzulassen. Aber ich sage Ihnen: Wenn Sie Ihre Gemeinschaft so schön ruhig haben wollen, dann dürfen Sie den Heiligen Geist nicht hereinlassen. Da gibt es dann Spaltung. Diese Spaltung kommt nicht vom Geist Gottes her. Sie kommt von der Herausforderung, die provoziert. Wenn Sie das nicht haben wollen, wenn Sie keine Unruhe haben wollen, dann dürfen Sie den Geist Gottes nicht hereinlassen."

Das stimmt auch für die Familie! Es ist eine Realität, die schon in der Apostelgeschichte steht.
Weil der ganze Leib die Gaben Gottes notwendig braucht, wird der Geist Gottes sie auch austeilen. Dazu brauchen die Mitglieder eines Gebetskreises auch Glauben, damit sie den nächsten Schritt tun können.

5. Wir brauchen den Mut zum Glaubensschritt!

Wir brauchen nicht das Gefühl des Glaubens, sondern den Mut zum Glaubensschritt!
Wir brauchen den Mut zum Glaubensschritt, den Mut zum Tun! Der Glaube wächst, wenn ich die Schritte tue!
Manche hocken in der Bequemlichkeit und wollen von Gott eine Spritze, die einen sticht und einen aus der Bequemlichkeit holt. So geht es nicht. Ich muß schon selber Schritte tun; die Schritte tun, die ich tun kann. Und im Tun merke ich, daß ich es kann. Indem ich Schritte tue, merke ich, daß ich sie kann. Da kommt der Glaube zum Tragen. Manche, die wollen sich überhaupt nicht anstrengen. Sie wollen, daß Gott sie stößt, schiebt und vorwärtsträgt.
Die Schritte, die ich selber tun kann, muß ich auch selber tun. Dann merke ich im Gehen, daß ich gehen kann.
Am Anfang ist dies für jeden schwer. Es erfordert Glauben und Vertrauen in die Hilfe des Herrn. Wenn wir bei diesen Schritten einen Fehler machen, wird der Herr verhüten, daß es anderen schadet. Ich bin überzeugt, daß Gott niemand zu Schaden kommen läßt,

wenn man es ehrlich meint, auch wenn man etwas Menschliches produziert.
Wir müssen ja auf den Herrn vertrauen, daß er uns lehren wird, wie man es besser macht. Paulus schreibt ja in Röm 12, 6: „Hat einer die Gabe prophetischer Rede, dann rede er in Übereinstimmung mit dem Glauben."
Wir können uns also selber prüfen, an der Schrift und an der Lehre der Kirche.
Zur Ausübung einer Gabe ist also Glaube notwendig. Niemand kommt je an einen Punkt, an dem er keinen Glauben an den Herrn mehr braucht. Es wird nie etwas so routinemäßig gehen; das werden Sie nie erleben. Es gibt nur eine Gabe des Geistes, die jederzeit zur Verfügung steht, wenn man sie hat. Das ist das Sprachengebet. Sie können mit dem Gebet anfangen, wann Sie wollen, und Sie können aufhören, wann Sie wollen.

Die Sprachengabe ist die einzige Gabe, die auch zum Aufbau des eigenen geistlichen Lebens dient.
Alle anderen Gaben dienen zum Aufbau des geistlichen Lebens in den anderen.

Bei den anderen aber wissen Sie nie, ob diesmal Gott auch wirkt. Das wissen Sie nie! Einmal wirkt die Gabe, einmal nicht; einmal wirkt der Geist Gottes durch Sie, einmal durch einen anderen. Dies geschieht deshalb, damit wir immer in der Hingabe bleiben. Wir werden nie so kleine Götter, die dann sagen: „Wir heilen die Welt. Wir haben die größten prophetischen Worte, die auch die größten Baumstämme umwerfen." Nein, so geht das nicht. Vielleicht fällt einmal eine Tanne um, vielleicht fällt aber nur ein kleines Zweiglein, oder es fällt gar nichts.

Es bedarf immer meiner totalen Hingabe! Ich kann mir nie sicher sein, daß heute durch mich Gott an diesen Menschen handelt.
Ich muß mich hingeben und hören!

Wenn Gott nicht durch mich wirkt, dann wirkt er durch jemand anderen. Mein ausgesprochenes Wort schadet aber auf alle Fälle nicht, auch wenn es nicht direkt wirkt.
Dies ist ein Grund, warum wir uns manchmal scheuen, die Gaben kommen zu lassen, weil wir keine Sicherheit haben, ob sie auch wirken. Wir haben Angst, uns zu blamieren. Wir meinen, die anderen erwarten jetzt etwas von uns, das auch wirkt.

Ich habe aus Stuttgart einen Brief erhalten. Darin bittet eine Frau für einen kranken Priester. Sie schreibt, sie hätte erfahren, daß ich diese und jene Gabe habe. Das war mir aber selbst ganz neu. Ich habe von diesen Gaben selbst noch nichts gewußt. Ich wußte eher, daß ich sie nicht habe. Sie hat mich aber inständig gebeten, zu dem Priester zu kommen, um mit ihm zu beten. Da dachte ich mir: Das sieht ja aus wie in einer Werkstatt, wie bei einer Autoreparatur. Das Auto ist kaputt, ich leg' mich darunter und repariere. Ich konnte aber nicht mehr aus. Da habe ich mir gedacht: „Nun gut, Herr, du benützt ja manchmal alles mögliche." Ich habe mich also überwunden und ging zu ihm. Ich kam mir sehr komisch vor, denn ich wußte ja nicht, was ich tun sollte. Ich habe den Priester ja nicht gekannt. Ich habe ihn begrüßt, und er hat geantwortet: „Ich wußte schon, daß Sie kommen."
Vom ersten Augenblick an haben wir uns vollkommen

verstanden. Am Ende hat der Priester gesagt: ,,Das war jetzt wunderbar, als ob wir schon jahrelang die besten Freunde wären.“ Dann hat er mich um seine Gesundheit beten lassen. Geheilt wurde er aber nicht!

Die Gaben kann man eben nicht so wie Werkzeuge bei einer Autoreparatur benutzen; oder auf die Art: ,,Dort wohnt einer, der die Gabe der Heilung hat, der das kann.“ – ,,Gehen Sie hinunter und heilen Sie ihn.“
Bei keiner Gabe wissen Sie, ob sie heute und bei diesem Menschen funktioniert. Es bedarf da immer einer totalen Auslieferung. Es bedarf dauernd einer Ganzhingabe an den Herrn, so daß er einfach handeln kann, wie er will. Es muß mir ganz egal sein, was er tut. Ich bin bereit, immer wenn ich gebeten werde, als Werkzeug für ihn dazusein.
Das rate ich auch Ihnen. Wenn Gott durch Sie etwas Bestimmtes tun will, dann wird er Ihnen auch bestimmte Menschen schicken. Es ist dann sein Problem, was er mit diesen Leuten tut, nicht das Ihre.
Wenn er mir die Menschen schickt, dann tue ich halt das, was ich kann. Wenn er nichts tut, dann ist das sein Problem. Als Werkzeug aber fühlen wir uns halt dann immer blamiert. Wir wollen nämlich nicht das Werkzeug sein, sondern der Macher. Vieles kann bei uns nicht gelingen, damit die Demut nicht kaputtgeht, sondern wächst.

III. WORTCHARISMEN

Ich möchte noch etwas über die Wortcharismen sagen, die gerade auch in einem Gebetskreis wichtig sein können. Es geht um die Frage: „Wie kann ich erkennen, daß Gott durch mich irgend etwas sagen will?"
Ich will Ihnen dazu aus meiner Erfahrung einiges sagen. Die Gaben, die in einer Gebetsgemeinschaft am meisten zutage treten, sind die Wortgaben. Es sind also die Gaben, die gesprochen werden. Dazu gehören die Gaben der Weisheit, der Erkenntnis, des prophetischen Wortes, der Lehre, des Trostes, der Ermahnung. Nach der Zusammenstellung, die Paulus in 1 Kor 12 gibt, sind dies keineswegs die einzigen Geistesgaben und nicht einmal die wichtigsten.
Wir werden zwar jetzt den Schwerpunkt gerade auf diese Wortcharismen legen. Wir können uns aber nicht nur auf die Wortcharismen konzentrieren, so daß wir die anderen vernachlässigen; jene Gaben, die so unauffällig wirksam werden.
Wir wollen uns auf die Wortcharismen beschränken, die in einer Gebetsgemeinschaft sehr hilfreich sein können. Also nach Paulus 1 Kor 14: auf die Prophetengabe, die Sprachengabe und die Auslegung. Paulus beschreibt ja diese Gaben für den Gebrauch im Gottesdienst. Er sagt, wie diese Gaben gebraucht werden sollen. Deshalb stellen wir uns die erste Frage:

1. Wann sind die Wortcharismen einzusetzen?

Wann soll man eine Prophetie aussprechen, wenn man eine fühlt? Wann soll man eine Botschaft in Zungen geben, die Sprachengabe üben? Und wann soll man auslegen? Wann soll man das tun? Man beruft sich hier oft auf ein Schriftwort, um eine Antwort geben zu können. Es ist das Wort, das Jesus ja auch auf sich angewandt hat.

Ein wichtiges Zeichen ist die sogenannte „Salbung durch den Heiligen Geist". Was ist damit gemeint? Eine Salbung kann als eine belebende Wirkung des Geistes beschrieben werden; konkret als *ein Gefühl der Dringlichkeit.* Es ist jene Situation, in der ich von innen gedrängt werde, ein bestimmtes Wort auszusprechen. Während des Tages fallen uns viele Worte ein. Wir haben dabei aber kaum das Empfinden der Dringlichkeit, es aussprechen zu müssen. Es kommt halt ein Gedanke, er läßt einen vollkommen in Ruhe und er verschwindet wieder. Das geht ja tagsüber am laufenden Band.

Es kann sein, daß nun plötzlich während des Gottesdienstes ein Wort kommt und nicht mehr verschwindet. Ich spüre so eine Art Dringlichkeit. Obwohl ich ganz frei bin im Hören, spüre ich, daß das jetzt etwas anderes ist. Das kann ganz leise sein; aber das Wort ist da. Wenn man nun einen Kreis des Vertrauens hat, dann sollte man dieses Wort aussprechen, damit es geprüft werden kann; geprüft auf seine Wirksamkeit. Die Salbung des Heiligen Geistes kann sich also auf diese Weise ausdrücken, in einem Gefühl der Dringlichkeit. Dieses Gefühl kann einmal stärker sein, einmal ganz leise. Das Gefühl ist aber anders als bei sonstigen Einfällen. Es kann aber auch das Gefühl der Erwartung sein. Man steht in einer Erwartung. Es ist das Gefühl, von Gott zu etwas gedrängt zu werden. Dies muß kein unüberwindlicher Drang sein; es kann, wie schon gesagt, ganz leise sein. Gott ist ja unaufdringlich, er ist ja dieser flüsternde Geist. Die Tradition spricht in diesem Zusammenhang von „instinctus spiritus sancti"; der heilige Ignatius nennt dies „inneres Verspüren und Verkosten". Man kann aber auch das Gefühl haben, daß Gott handeln wird. Man kann in der Erwartung stehen, daß Gott an diesem Abend irgend etwas tut. Es ist ein Gefühl, bei dem in mir irgend etwas *hochsteigt*. Man darf sich aber auf diese Gefühle nicht fixieren. Man soll ganz frei bleiben, auch wenn zunächst nichts kommt. Meine Haltung in der Erwartung kann der Ausgangspunkt für ein Wort werden, das entweder von mir selber oder von einem anderen kommt.

Das nennt man weithin – vielleicht etwas geschwollen – „Salbung durch den Heiligen Geist"!

Diese Salbung kann sich oft körperlich äußern: Man fühlt plötzlich das Herz heftig schlagen; man bekommt plötzlich Herzklopfen und weiß nicht warum.

Sie können beim Gebet natürlich auch dann Herzklopfen bekommen, wenn Sie sich zu lautem Gebet durchringen. Das aber ist ja normal. Aber wenn zwei Dinge zusammenfallen, der Gedanke und das Herzklopfen, wenn also ein Wort mit einem körperlich wahrnehmbaren Vorgang aufsteigt, so könnte dies ein Zeichen der Echtheit sein.

Beim Wortcharisma kann es sein, daß Ihnen ein Wort kommt. Sobald Sie dies aussprechen, kommt das zweite und das dritte. Sie wissen dabei aber nicht, wie der Satz endet. Sie können aber auch einen ganzen Gedanken auf einmal bekommen, ihn aussprechen und formulieren. Das ist ganz verschieden. Ausschlaggebend ist das gleichzeitige Auftreten eines Einfalls und einer körperlichen Reaktion.

Manche fühlen sich unruhig. Nicht im Sinn von dunkler Unruhe oder Verwirrung. Es ist eine leise, drängende Unruhe. Ein anderer beginnt schwer zu atmen, oder man merkt – wie schon gesagt –, daß das Herz heftiger schlägt.
Jeremia hat das einmal als ein *Feuer in seiner Brust* beschrieben. Es ist also nicht ungewöhnlich, wenn derjenige, der ein solches Wort empfängt, das Drängen des Herrn sehr heftig erfährt.
Reagieren wir aber nicht nur auf heftige, sondern bereits auf leise Anrührungen, und haben wir den Mut, in entsprechender Umgebung es zu versuchen.
Gleichzeitig mit dem Auftrag zu einem prophetischen Wort gibt der Heilige Geist auch eine Botschaft.
Wenn man einen Auftrag erkennt, dann soll man sich zunächst einfach dem Herrn zuwenden.
Paulus sagt ja: „Der Prophet steht über der Prophetengabe." Nehmen Sie an, Sie erhalten einen Gedanken zu Beginn des Gottesdienstes. Es wäre bestimmt nicht klug, ihn sofort zu sagen. Man sollte warten, bis sich die Gemeinde in Einheit im Hören auf den Herrn gesammelt hat, zum Beispiel im Lobpreis. Dann erst, wenn man spürt, daß der Augenblick gegeben ist, dann sollte man das Wort sagen.
Der Prophet soll urteilen, wann es klug ist, diese Gabe zu tätigen.
Wenn es ein hartes Wort ist, dann sollte man es überhaupt nicht öffentlich sagen. Dann, wenn dieses Wort auf einen ganz konkreten Menschen hin gesprochen ist, dann soll man es ihm persönlich sagen; dadurch wird die Liebe nicht verletzt.
Ich muß schon selber prüfen, was mir da kommt. Der Prophet muß entscheiden, wann der richtige Augen-

blick gegeben ist, um das Wort zu sagen. Das bedeutet, daß der Prophet über der Prophetengabe steht. Er entscheidet, wann es klug ist, zu reden. Vielleicht ist es im ganzen Gebetsabend nicht klug. Es gibt möglicherweise gar keine Stelle, an der das Wort passen würde. Dann muß ich warten. Vielleicht brauche ich das Wort während der Woche oder das nächste Mal. Man kann das Wort auch einmal so lange in sich tragen.
Wichtig ist, daß ich mich nach dem Empfang des Wortes sofort dem Herrn zuwende und den Herrn in voller Hingabe suche: ,,Herr tue, was du willst."
Machen Sie sich keine Sorgen, was Sie sagen sollen. Versuchen Sie auch nicht, irgend etwas herauszubringen. Sie werden dann viel mehr hören können, wenn Sie auf ihn schauen. Vom Geist gesalbt zu werden, bedeutet nicht unbedingt, daß man bei jeder Gelegenheit etwas sagen soll. Eine Salbung ist ein Anzeichen. Der Anruf kann von Gott sein.
Jetzt aber muß ich entscheiden, wann es klug und richtig ist, das Wort zu bringen. Die Salbung ist kein Zwang, sondern ein Anzeichen. Auch dann nur Zeichen, wenn das Herz klopft oder wenn ich unruhig werde.
Viele werden die Salbung des Herrn dann erleben, wenn ein anderer etwas sagt. Sie werden plötzlich erkennen, daß auch Sie der Herr zu so einem Wort führen könnte. Dann sollen Sie den Herrn bitten, ihn entsprechend zu leiten. Man kann ja zuerst die körperliche Reaktion bekommen, bevor die Botschaft kommt. Vielleicht kommt die Botschaft dabei sogar durch einen anderen. Für die Prüfung meines Wortes ist es oft gut, wenn das Wort, das ich sagen will, ein anderer vor mir sagt. Da spürt man dann den einen Geist. Dies ist si-

cher ein Zeichen der Einheit. Dann sollten sie auch sagen: „Ich habe genau denselben Gedanken gehabt.“ Das wäre dann auch für die anderen eine große Hilfe. Wenn man ein solches Wort geben soll, dann fühlt man gewöhnlich einen Frieden mit Gott. Dieser Friede zeigt an, daß es richtig ist, diese Worte auszusprechen. Es ist dies eine Frucht des Geistes, des göttlichen Geistes, der sich nicht widerspricht. Spüre ich dieses *geeignet,* dann spreche ich es aus.

Vor kurzem habe ich etwas Katastrophales erlebt. Wir waren zusammen im Gebetskreis. Bei einer Person im Kreis war etwas nicht in Ordnung; was auch anderen bekannt war. Bei der Schriftauslegung dachte ich: Es würde jetzt gut passen, daß ich das Problem im Gebet ausdrücke. Vielleicht, so dachte ich, begreift jener das. Dann habe ich auch Herzklopfen bekommen; aber das kam ja vom *Selbermachen,* es kam von der Angst her, die ich hatte, von den Bedenken, ob er es begreift oder nicht. Es ergab sich aber nie eine richtige Gelegenheit; dauernd haben mir andere die Möglichkeit genommen. Auf einmal aber habe ich es ausgesprochen. Von mir her gesehen war es kein Gebet. Nachdem ich es ausgesprochen hatte, war auch schon eine furchtbare Unruhe über mich gekommen. Da wußte ich sofort, daß es grundsätzlich falsch war. Ich habe nicht gebetet, sondern ich wollte jenem nur meine Meinung sagen. Es ist aber unverschämt, jemandem mit Hilfe eines Gebetes die Meinung sagen zu wollen. Ich kann das Gebet nicht dazu mißbrauchen, um einem anderen die Meinung zu sagen. Ich kann auch nicht eine *betende Diskussion entfachen.*

Das aber war mir eine gewaltige Lehre. Deshalb erwähne ich es auch. Sollte mir der Gedanke kommen, so etwas wieder zu tun, dann tue ich es hoffentlich nicht mehr. Ich bete vielmehr das, was kommt. Mein Gebet war damals auch bestimmt nicht von Gott, es war *selbstgestrickt*.

Wenn ein Beitrag von Gott ist, dann erlebt man in sich Frieden und nicht Unfrieden. Ein Wort von Gott kann man aussprechen; und nach dem Aussprechen verspürt man in sich Ruhe: Das ist die Frucht des Geistes. Diese Ruhe zeigt an, daß ich es richtig mache. Diese Erfahrung kann man natürlich wiederum nicht verabsolutieren oder verallgemeinern. Auf alle Fälle sagt Paulus: „Es wäre verkehrt, durch so ein Wort einen anderen zu unterbrechen." Man darf also nicht mit einem Wort, das einem gerade gekommen ist, in den Gebetsfluß hineinplatzen, nur damit man es nicht vergißt. Wenn man es nach einigem Warten vergißt, dann ist es auch nicht so wichtig gewesen. Wenn es wichtig ist, wird Gott es schon wieder geben. Christus wird auf jeden Fall selber die richtige Zeit zum Sprechen zeigen. Er wird es tun, wenn man ihn darum bittet. Nach einiger Zeit wird man aus Erfahrung diese Zeitwahl des Herrn besser erkennen. Wenn ein Wort kommt, soll man den Herrn ruhig bitten, daß er auch den Augenblick bestimmt, an dem es gesagt werden soll. Dann heißt es, ruhig weiterbeten; man soll sich nicht mehr darum kümmern. Es kann sein, daß der richtige Augenblick kommt, in dem Sie spüren, daß das Wort paßt. Dann sind Sie in ganz tiefem Frieden. Mit der Zeit bekommt man Erfahrung, wann man reden kann. Da können Sie sich darauf verlassen.

Nun zu einer zweiten Frage:

2. In welcher Art und Weise spricht man ein Wort aus?

Nun einige Gedanken zur Art und Weise, wie man ein Wort der Prophetie oder der Auslegung bringt. Die Art und Weise ist wichtig für die Wirkung. Der Prophet sollte laut genug sprechen, damit ihn jeder hören kann; aber auch wieder nicht so laut, daß es furchterregend wirkt. Man sollte nicht meinen: „Jetzt kommt das Jüngste Gericht."
Der Prophet sollte das Wort so aussprechen, daß es Gott angemessen ist.
Die Art der Äußerung muß daher auch Gott angemessen sein!
Das Wort sollte in der normalen Umgangssprache gesprochen werden. Es soll jeder das Wort verstehen, und es soll Gott angemessen sein. Das meiste, das wir über das Aussprechen einer Prophetie gesagt haben, kann man auch auf das Aussagen einer Botschaft in Sprachen anwenden. Dies ist ja auch oft ein solches prophetisches Wort. Wenn jemand eine Botschaft in Sprachen gegeben hat, dann sollte man, wie beim prophetischen Wort, länger in der Stille verharren. Im Gottesdienst sollte man nach einem prophetischen Wort in Sprachen solange in Stille verharren, bis eine Auslegung kommt. Das empfiehlt Paulus. Auch nach einem gemeinsamen Lobpreis in Sprachen sollte man etwas warten, Stille halten, ob eine Auslegung kommt. Vor allem, wenn ein einzelner sich gedrängt fühlt, in Sprachen zu beten, dann sollte man nachher länger warten, ob nicht aus der Stille heraus eine Auslegung kommt. Das wäre ja dann der Sinn des Sprachengebetes. Ohne Auslegung, so schreibt Paulus, wäre das

Sprachengebet eines einzelnen im Gottesdienst ja sinnlos. Es versteht ja keiner.
Sie müssen sich vielleicht noch mehr einüben in dieses wartende Hören. Lassen Sie sich ein bißchen Zeit, wenn solche Geistesgaben dargelegt werden.

Eine Auslegung der Sprachengabe kann zwei Formen haben: Manchmal ist es eine Interpretation einer Botschaft, im Sinne einer Prophetie. Manchmal ist es einfach ein inspiriertes Gebet, also ein Lobpreis. Es ist vielleicht ein Lobpreis, der irgendeine Wohltat Gottes anspricht. Diesen Lobpreis kann man dann auch miteinander fortsetzen.
Wenn ein prophetisches Wort in einer Gebetsgemeinschaft gegeben wurde, so kann das starke Auswirkungen haben. Paulus schreibt ja in 1 Kor 14,3: ,,Wer aber prophetisch redet, . . . baut auf, ermutigt, spendet Trost.“
Paulus gibt uns auch einige Kriterien zur Prüfung einer Prophetie. Eine Prophetie ist nicht perfekt; deshalb müssen wir abwägen, was gesagt wird. Eine Prophetie ist ein Impuls.
Bei einer Prophetie müssen wir abwägen, was gesagt wird, wir müssen den Kern herausfinden und empfänglich sein für das, was von Gott ist.
In einem prophetischen Wort kann ein Teil von mir sein und ein Teil von Gott kommen.
Gott spricht ja nicht an mir vorbei, er spricht durch mich!
Darum ist die Prophetie nicht perfekt. Ich kann daher nicht einfach sagen, das ist jetzt Wort Gottes. Das kann nicht einmal jemand sagen, der oft geprüft wurde und bei dem man weiß, daß Gott durch ihn sehr deutlich spricht. Wir sollen aus dem prophetischen Wort her-

aushören, was von Gott ist. Wir sollen herausfinden, was er sagen will.
Nun noch kurz eine dritte Frage:

3. Wie kann man ein prophetisches Wort prüfen?

Das Abwägen und Überprüfen eines prophetischen Wortes ist nicht immer leicht. Es gibt einige objektive Kriterien. Genauso wichtig ist aber auch das geistliche Unterscheidungsvermögen einer Gemeinschaft.
Bei Unsicherheiten sollte man den Mut haben zu fragen: „Was habt ihr jetzt für ein Empfinden bei dem Wort, das da jetzt erklungen ist?" Es könnte ja sein, daß alle eine komische Unruhe in sich haben. Dies wäre dann ein Zeichen, daß das Wort nicht von Gott ist. Das wäre Unterscheidung der Geister. Sie können so eine Prüfung einmal auch als Gemeinschaft vollziehen und fragen, was der einzelne empfindet.
Es gibt ja prophetische Worte, die so einfach hingesagt werden und bei denen einem unwohl wird, da das Wort unpassend ist. Eine Möglichkeit wäre, dieses Wort gemeinsam zu prüfen. Es können aber auch diejenigen, die die Gemeinschaft leiten, im Anschluß an den Kreis dieses Wort prüfen. Man kann das Ergebnis dann dem einzelnen persönlich sagen, wenn es notwendig ist.
Objektiv kann man eine Prophetie daran prüfen, ob sie mit der Schrift und der Lehre der Kirche übereinstimmt.
Der Heilige Geist wird kein Wort sprechen, das dem Wortlaut oder dem Geist der Offenbarung widerspricht.

Außerdem wird eine Prophetie mit dem Geist und dem Charakter Christi übereinstimmen.
Jesus hat zum Beispiel seine Jünger nie verurteilt, auch wenn er sie zurechtgewiesen hat. Der Heilige Geist wird das in einer Prophetie auch nie tun.
Zu dieser objektiven Prüfungsmöglichkeit kommt noch eine weitere wichtige Möglichkeit, nämlich das geistliche Unterscheidungsvermögen einer Gruppe selbst. Es sind dies dann subjektive Kriterien. Es geht darum, was der einzelne empfindet. Es ist dies etwas, was man gar nicht richtig erklären kann.
Es geht um Wohlsein oder Unwohlsein, um Ruhe oder Unruhe. Wenn etwas vom Heiligen Geist ist, wird es von denen anerkannt, die im Heiligen Geist leben.
Es geht also wieder um das ganze Hingegebensein an den Herrn. Sie werden einen inneren Frieden darüber empfinden und die Überzeugung haben, daß das Wort vom Herrn stammt.
Das können Sie schon erleben, wenn Sie eine Predigt hören, einen Vortrag oder ein Gespräch. Wenn Sie innerlich ganz auf Gott ausgerichtet sind, werden Sie schon spüren, daß z. B. einiges nicht stimmt. Das muß nicht allein an der Wahrheit liegen; Sie können auch merken: „Da steht zuviel Mensch da und zuwenig Christus."
Je mehr eine Gebetsgruppe auf den Heiligen Geist ausgerichtet ist, umso mehr wird sie in diesen Bereichen sensibel. Sie bekommt dieses geistliche Gespür dafür, was da vor sich geht. Bei einer bestimmten Prophetie muß aber nicht immer vollkommene Einmütigkeit darüber herrschen. Besonders dann, wenn einer diese Gabe erst anfanghaft wagt anzunehmen; aber es wird eine grundsätzliche Aussage vorhanden sein. Diese

Aussage kann ein Wort von Gott sein. Wenn noch etwas vom Menschen dabei ist, dann werden wir keine einheitlichen Empfindungen haben. Wenn man die Prophezeiung einer bestimmten Person abwägt, dann ist diese Unterscheidung besonders wichtig: Was ist wirklich von Gott und was ist vom Menschen?
Nach einer gewissen Zeit wird es dann möglich sein, ein klares Empfinden darüber zu bekommen, ob die Prophetie einer Person von Gott ist oder nicht.
Es wird also in der Gemeinde, vor allem bei geistlich gereiften Mitgliedern, ein Gefühl des Friedens darüber vorhanden sein, wenn diese Prophetie eines Menschen vom Herrn ist. Es herrscht ein deutliches Gefühl der Unruhe, wenn das nicht der Fall ist. *An ihren Früchten sollt ihr sie erkennen.* Und das sind ja die Früchte des Fleisches und des Geistes: Unruhe und Angst oder Friede, Freude, Liebe. Diese Früchte sind allgemein für die Unterscheidung der Geister ein wichtiger Prüfstein.
Wenn also der Prophet für die Führung durch den Herrn empfänglich ist, dann bringen seine Worte eine gute Reaktion der Gemeinde hervor: ein Überzeugtsein vom Wirken des Herrn; Frieden und Einheit im Hinblick auf dieses gesprochene Wort.

4. Die persönliche Reaktion beim Empfang von Geistesgaben

Wir haben zuletzt über den Propheten und sein Wort gesprochen. Nun aber wollen wir noch kurz unsere eigene Reaktion auf dieses Wort hin befragen.
Wenn wir auf das Prophetenwort nicht in der Weise

reagieren, wie der Herr es gerne möchte, dann nehmen wir das Wort Gottes nicht so auf, wie Gott es wünscht, daß wir es tun sollten. Wenn also jemand ein Wort von Gott her sagt und wir darauf nicht so eingehen, wie Gott es wünscht, dann ist dies eine Fehlhaltung der Gemeinde.

Wir müssen auf das Wort hören! Wir müssen gehorsam sein! Wir haben es mit dem Wort Gottes zu tun, wenn es echt ist!

Dieses Wort Gottes müssen wir dann entsprechend ernstnehmen.

Manchmal wird das richtige Hören verhindert, weil nicht richtig darauf reagiert wird. Kaum sagt einer ein Wort, so kommt schon die Antwort: „Dank sei dem Herrn." Der nächste betet um schönes Wetter.

Auf diese Weise wird nicht nur das Hören verhindert, sondern das Wort wird dann mit der Zeit überhaupt versiegen, und Gott spricht dann überhaupt nicht mehr.

Er spricht nicht mehr, weil man das Wort nicht auffängt.

Ein häufiger Fehler besteht darin, dem Wort nicht genug Zeit zum Wirken zu geben!

Manche singen sofort nach einer Prophetie ein Lied oder stimmen ein Gebet an. Das ist alles gut gemeint, aber sie zerstören dabei die Wirkung des Wortes, da sie die Zeit abschneiden. Das Wort kann dann nicht Frucht bringen. Wir sollten richtig reagieren und das Wort so aufnehmen, wie Gott es will! Deshalb gibt uns ja Gott dieses Wort.

Diese Darlegungen waren ein paar Gedanken zu den Gaben des Heiligen Geistes, vor allem zu den Wortcharismen. Sie können sicher einiges durch Ihr eigenes Er-

leben ergänzen. Versuchen Sie aber wirklich, in Ihrer betenden Gemeinde die Geistesgaben immer mehr zuzulassen!
Vielleicht helfen Ihnen diese Anregungen dazu. Haben Sie Mut und entfalten Sie die Gaben im Hinblick auf den Aufbau des Leibes Christi in der Gemeinde. Denken Sie nicht an sich!

Die Gaben sind gegeben, um den anderen zu helfen!

IV. BEANTWORTUNG DER GESTELLTEN FRAGEN

Ich möchte jetzt noch auf die mir gestellten Fragen eingehen. Diese Antworten sind eine Sammlung von verschiedenen Erfahrungen.

1. Entwicklungsmöglichkeiten und Phasen einer Gebetsgruppe

Die Entwicklung einer Gebetsgruppe ist sicher ein ganz individueller Weg, genauso wie die geistliche Entwicklung eines jeden einzelnen.
Die geistlichen Gesetzmäßigkeiten, die für den einzelnen gelten, sind auch auf die ganze Gruppe übertragbar: die Anfangserfahrung der Freude und Zeiten der Läuterung. Am Anfang kann die Gruppe mit viel Freude beten und das Wort Gottes betrachten. Dann aber können lange Zeiten der Trockenheit kommen. Sie sitzen dann auch in der Gruppe wie in einer Wüste, und es fällt Ihnen schwer, Worte hervorzubringen.
Die Voraussetzung für eine lebendige Gemeinde ist die Umkehr. Solange in einer Gebetsgruppe nur Leute sind, die genießen wollen, die nur empfangen wollen, solange wird die Gruppe nicht wachsen.
Stellen Sie sich vor: Es kommen zwanzig Menschen zusammen, und jeder will nur an der einen Quelle saugen. Diese Quelle wird schnell leer werden, wenn niemand etwas einbringt. Da gibt es bald nichts mehr zu holen, weil ja nichts da ist!
Was ich sage, gilt vor allem für den Kernkreis.
Der Herr selbst hat überall dort, wohin er selbst kom-

men wollte, nur zwei ausgesandt! Es genügt zu wissen, daß er anwesend ist. Er ist unter uns!
Das Sterben und Auferstehen von zweien kann die Voraussetzung dafür sein, daß eine Gemeinde lebendig wird!
Das ist doch ein unheimlich machtvolles Geschehen, wenn der Herr zwei Jünger sendet. Er schickt sie zu zweien aus. Er gibt ihnen den Auftrag, Kranke zu heilen, Dämonen auszutreiben und zu missionieren. Er gibt alle seine Mächte diesen zweien. Er sagt immer: Ihr! Ihr zwei!
Es genügt also, wenn (wo immer, bei einer Ansammlung von Menschen, in einer Stadt oder in einem Dorf) sich zwei in der Einheit in Christus treffen. Das ist der Beginn des Geheimnisses der Kirche. Paulus hat überall nur kleine Gemeinden gegründet. Was meinen Sie, wie viele Menschen das waren, als er fortging? In Athen, Korinth und Philippi waren es doch jeweils nur ein paar. Vielleicht eine Handvoll; wenn es hoch ging, vielleicht hundert. Und Paulus sagt: „Für mich gibt es nichts mehr zu tun in Asien, es ist alles bekehrt." Was hat er getan? Er hat eine lebendige Zelle gegründet, die dann alles durchsäuern sollte. Das war der Auftrag des Paulus: das Gründen einer lebendigen Zelle.
Wenn in jedem Dorf und in jeder Stadt unserer Länder eine lebendige Zelle ist, und der Herr meint damit zwei Menschen, dann wird von denen das Leben ausgehen. Der Herr verspricht ihnen seine Anwesenheit, und er wird durch sie alle Zeichen tun. Wir denken ja immer in enormen Zahlen. Wir denken in astronomischen Zahlen. Wir meinen, das ist doch nichts, wenn sich da immer nur diese zwei abmühen.
Wenn in einer Gemeinde zwei ganz hingegeben an Christus sind, dann ist dies der Anfang neuen Lebens!

Dies gilt mit Sicherheit, aber es muß uns erst einmal bewußtwerden. Daher ist es ganz wichtig, daß diese zwei ganz an Christus hingegeben sind. Das ist die Grundvoraussetzung. Wir dürfen uns nicht schnell vermehren wollen. Es muß zuerst das Grundsätzliche vollzogen sein, und das ist die Ganzhingabe; sie muß immer wieder erneuert werden. So gesehen ist es ideal und normal, daß jeder während der Woche intensiv hingegeben an Christus lebt, so gut er es kann; daß er alles, was um ihn herum geschieht, in Zusammenhang mit seinem geistlichen Wachstum und seiner Hingabe sieht. Jeder bringt nun zum Gebetskreis gleichsam einen Rucksack mit. Er bringt alles mit, was der Herr während der Woche zu ihm gesprochen hat. Er bringt mit, was er an Verleumdung erlebt hat, und er drückt dies im Gebet aus; im Dankgebet, im Lobpreis und in der Bitte. Aber jeder bringt herbei, er bringt herbei in der Lehre, im Austausch des Wortes und der Erfahrung. Es ist dabei aber äußerst wichtig, daß wir einander sättigen und stärken und uns nicht gegenseitig auslaugen!

Wir handeln ja so oft nach diesem komischen Tankstellensystem: Wir gehen zu einer Gebetsgruppe tanken. Tanken gehen wir mit dem Auto; und wir tanken, damit wir wieder Gas geben können, und dabei wird der Tank leer. Das ist aber doch nicht der Sinn des geistlichen Lebens. Das ist genau das Gegenteil von geistlichem Leben.

Ich soll doch zur Gruppe gehen, damit das geistliche Leben wachsen kann.

Auch in Kursen wird das geistliche Leben nicht wachsen; da bekommen Sie bloß einen Setzling mit, vielleicht noch einen Schuß Dünger. Wachsen muß der

Setzling im Klima des Treibhauses, zu Hause, in Ihrer Wüste. Dazu brauchen Sie Ihre lieben Nachbarn; da brauchen Sie einen lieben Ehegatten, der Sie manchmal nicht versteht; da brauchen Sie liebe Kinder, die manchmal rebellieren; da brauchen Sie einen Arbeitskollegen, der Sie ins *Schienbein* tritt: Das ist dann das Klima des Wachstums, da wächst geistliches Leben, da wächst der Setzling. Diese Erfahrung mit dem lebendigen Gott in diesem Klima, die bringe ich ein in die Gebetsrunde zur gegenseitigen Erbauung. Gibt es im Grunde eine andere Form der Verkündigung des Evangeliums als die, wo einer dem anderen seine persönliche Glaubenserfahrung mitteilt? Ich teile dem anderen mit, in welcher Form ich persönlich das Evangelium des lebendigen Gottes erfahren habe. Ich sage, wie ich ein Wort des Herrn in dieser letzten Woche erfahren habe.

Solch ein Wort kann ja – wie bei den Fokolare – dann bestimmend und richtungweisend für die kommende Woche sein. Die Gruppe könnte sich an diesem Wort des Herrn während der nächsten Woche orientieren. Bei der nächsten Zusammenkunft könnte jeder verkünden, was er mit diesem Wort in der letzten Woche erlebt hat. Er kann sagen, wo ihm das Wort geholfen hat, was durch das Wort aufgeklärt wurde und wo ihn das Wort gerichtet hat.

Wenn wir so beginnen, miteinander zu leben, dann bringt jeder etwas herbei, um den anderen zu sättigen; und das ist ja der Sinn des mystischen Leibes. Es kommt dann nicht jeder mit einer leeren Tasche, um sie zu füllen. Das ist für die Entwicklung einer Gruppe sehr wichtig. Es ist doch kein fruchtbringendes Prinzip, wenn jeder nur holt und keiner bringt. Da gibt es

bald nichts mehr zu holen. Dann geht jeder mit einer leeren Tasche und mit Enttäuschung nach Hause.
Dieses Konsumdenken im geistlichen Bereich ist sehr, sehr gefährlich! Was Gott gibt, will ich sofort wieder weiterschenken an die Brüder und Schwestern; das ist biblische Armut! Wir versprechen das in unseren Orden ganz feierlich. Ob wir das aber auch tun, das ist eine andere Frage. Wir sehen die Armut oft nur auf das Materielle bezogen. Wir haben halt als einzelne nichts. Aber das gilt ja auch für die geistliche Armut. Wir sollen uns austauschen und das, was Gott gibt, weitergeben. Weil dies nicht geschieht, wachsen ja oft unsere geistlichen Gemeinschaften nicht mehr. Sie wachsen nicht, weil wir das, was Gott uns gibt, für uns behalten und darauf herumbrüten wie eine alte Henne auf faulen Eiern. Da kommt natürlich nichts heraus.
So aber geht es auch einer betenden Gruppe. Ich glaube, daß der Tankstellenegoismus oft mit ein Grund ist, daß bald die Tankstelle leer ist, weil sich dort nur Konsumenten treffen. Dann gibt es nichts mehr zu holen. Beginnen Sie einmal zu bringen! Sie werden sehen, wie schnell das Leben kommt. Darum geht es: *einfach bringen.*
Das gilt in besonderer Weise für die Kerngruppe.
Es gibt in dem Gesamtkonzept der Kirche nach Paulus vom mystischen Leibe her gesehen (vom Bild des Weinstockes her) nur die Aussage: „Einer ist für den anderen da."
Der Fuß kann nicht zur Hand sagen: „Dich brauche ich nicht." Ich kann nicht von meinem eigenen *Getankten* leben, sondern nur von dem, was der andere hergibt; und der andere lebt von mir: Ich muß das, was ich habe, auch geben.

Versuchen Sie, dieses Prinzip der Kirche ernst zu nehmen; es ist das Prinzip einer betenden Gruppe.
Geben, nicht nehmen! Wer christlich gibt, der wird nie arm!
Wer sich selbst gibt, der wird nie arm!
Wenn alle geben, dann wir keiner leer nach Hause gehen!
Wenn alle holen wollen, werden alle leer heimgehen!
Aber denken Sie auch daran: Trockenheit (Wüste) ist auch eine normale Entwicklung einer betenden Gruppe. Dann kommen wir nicht zum Gebet zusammen, weil es uns Freude macht, sondern weil es uns um Christus geht. Wir halten treu zu ihm, denn es geht nur um ihn. Wir leben selbstlose Liebe. Wir tun uns dann schwerer im Singen und im Beten. Wir wissen um diese Wüste, sie hindert uns überhaupt nicht.
Bei bloßen Konsumenten, bei denen immer etwas los sein muß wie bei einer Party, gibt es kein Wachstum. Gerade eine Kerngruppe kann sich immer gegenseitig stärken. Dadurch kann das Wachstum dann auch in die größere Gruppe hineingetragen werden. Man wird durchhalten können, wenn auch nicht alles nach Wunsch läuft.
Bei Besuchen in den Gruppen merke ich immer wieder, daß es vielfach auch an der Ganzhingabe fehlt. Es kommen immer wieder neue Leute zur Gruppe; sie beten einmal mehr, einmal weniger, aber sie finden nicht zur Ganzhingabe.
Daher wäre es auch die Aufgabe einer Gruppe, von Zeit zu Zeit innerhalb der Gebetsgruppe auf einfache Weise ein Seminar durchzuführen. Es bieten sich vorwiegend die liturgischen Zeiten (Advent- oder Fastenzeit) an.
Sie sollten dies auf einfache Weise einfach einmal wagen. Gott kann mit allem etwas machen, wenn wir be-

reit sind, uns einzulassen. Wir können dann jene Menschen, die in letzter Zeit zur Gruppe gestoßen sind, tiefer in die Erneuerung führen. Das tut meistens allen miteinander gut. Man denkt dann die Gedanken nochmals miteinander durch; man betet miteinander. Wenn man die Möglichkeit hat, die *Neuen* auf einen Kurs zu schicken, dann ist dies natürlich auch eine gute (ideale) Möglichkeit. Es wird aber sicher der ganzen Gruppe gut tun, wenn sie selbst ein Glaubensseminar durchführt. Dann wird auch die durchführende Kerngruppe wachsen, weil sie gibt, weil sie das weggibt, was ihr Gott gegeben hat.

Ich habe auch öfters schon erlebt, daß Gebetsgruppen, die es ehrlich gemeint haben, vollkommen gestorben sind. Das gehört zum Paschageheimnis der Kirche, daß man oft einfach sterben muß, damit neues Leben entstehen kann. Irgendwo wird immer ein Sterben nötig sein. Es wird zu einem Zusammenschrumpfen der Gruppe kommen, bei dem alle davonlaufen – bis auf ein paar wenige. Aber gerade, wenn es aussichtslos aussieht, dann bleiben Sie treu! So ist die beste Aussicht auf die Verheißung Jesu gegeben.
Dort, wo das Samenkorn stirbt, bringt es bis zu hundertfältige Frucht!
Wenn wir nur mehr zu zweit sind, dann geben wir leicht mutlos auf. Wir schauen auf die riesige Gebetsgruppe von nebenan und sind traurig, daß wir nur zwei sind. Aber wenn wir einmal zwei sind, die Christus gehören, dann ist das doch kein Problem mehr. Das ist das Geheimnis der Kirche.
Bauen Sie doch auf den Geheimnissen Jesu auf und nicht darauf, was Sie mit den Sinnen sehen!

Mir hat vor kurzem ein Verantwortlicher einer christlichen Kirche gesagt, daß sie nun schon zehn Jahre lang zu zweit um die Erneuerung beten. In dieser Kirche gibt es unter den Glaubenden heute gute und tiefe Menschen. Das Gebet der zwei hat sich gelohnt. Die beiden haben zehn Jahre lang ausdauernd um die Erneuerung gebetet und sind selber dabei intensiv gewachsen.
Lassen Sie Gott Zeit. Setzen Sie nicht dauernd Termine! Achten Sie darauf, daß Sie die Wachstumsgesetze im geistlichen Leben nicht überschreiten wollen. Das Wachstum beginnt aber mit dem Sterben; und wenn Sie zehn Jahre lang gestorben sind, zu zweit gestorben sind, dann können Sie annehmen, daß bald hundertfältige Frucht kommt; dann sind Sie also bald zweihundert. Ob Sie das dann erleben oder nicht, ist schließlich egal. Die Hauptsache ist doch, daß es so kommt.
Das verstehe ich unter *christlich denken.* Das bedeutet: *mit dem Atem Gottes denken.* Es bedeutet, sich an die Verheißungen Jesu halten. Wenn Sie dies nicht tun, werden Sie dauernd resigniert sein; und das genau dort, wo das Grundprinzip der Kirche zum Tragen kommt: Tod und Auferstehung! Dann resignieren Sie, wie schon so viele resigniert haben. Aber Christus hat nicht resigniert. Er hat alles hingegeben. Denn er wußte: Nach diesem Tod kommt das Leben.

2. Wie kann man Menschen werben?

Ich denke einfach immer an die Apostelgeschichte. Wenn Leute intensiv miteinander leben und beten, dann führt ihnen der Herr während der Woche laufend

Leute zu (vgl. Apg 2,43–47). Und dann wird er plötzlich Leute berühren. Sie werden fragen: ,,Sie sind mir die ganze Woche schon aufgefallen. Ich möchte gerne mit Ihnen reden." Und dann kann ich reden.
Gott nimmt natürlich auch die Natur des Menschen ernst. Er hat uns einen Verstand gegeben. Wir können überlegen, wie wir in einer Gemeinde ganz neu beginnen können. Wir sollen zunächst psychisch gesunde Menschen, mit denen man meint, einen solchen Kern bilden zu können, einfach einmal ansprechen. Wir versuchen also zunächst, einen Kern zu schaffen.
Wenn diese Menschen stark geworden sind, dann sind sie auch fähig, andere Menschen (auch schwache Menschen) zu tragen. Am Anfang soll man aber um der *Schwachen* willen die *Starken* auswählen. Das entspricht sicher der Vernunft, die Gott uns gegeben hat. Wie wollen Sie sonst den anderen helfen? Dies ist sicher ein gesundes Prinzip zum Vorteil aller.

3. Welche Gebetszeit ist günstig?

Ich glaube, Sie meinen die persönliche Gebetszeit. Da meine ich: Es sollte zunächst eine *gute Zeit* sein. Es ist natürlich schwer zu sagen, wann für Sie eine gute Zeit ist. Auf alle Fälle würde ich Ihnen abraten, Ihre Gebetszeit in die müdeste Zeit des Tages zu legen. Manchmal bleibt natürlich nur diese Zeit übrig. Der eine betet leichter mittags, der andere morgens und ein dritter abends. Wenn Sie die Wahl haben, dann wählen Sie die Zeit aus, in der Sie sich am besten sammeln können. Die Gnade baut ja immer auf der Natur auf. Wählen Sie also die Zeit, die Ihnen zu einem tieferen Verhältnis zu Gott verhilft. Eine gute Zeit heißt eben eine günstige Zeit. Oft aber kann ich nicht wählen; dann nehme ich eben, was möglich ist. Wenn Sie aber immer nur ermüdende Zeiten wählen, dann werden Sie im Gebet nicht weiterkommen.

Die richtige Auswahl der Gebetszeiten und das richtige Maß gehören zur Unterscheidung der Geister. Damit hängt ja auch die Frage des Fastens und der Askese zusammen. Fasten und Buße sind gute Übungen, aber alles mit Maß und Ziel. Sie sollen ja noch fähig sein, geistlich zu leben. Es kann sein, daß Sie der Teufel zu einem intensiven Fasten versucht, so daß Sie nichts mehr essen oder ganz wenig essen. Dann werden Sie aber so schwach, daß Sie auch nicht mehr fähig sind, sich im Gebet zu sammeln; das ist dann bestimmt nicht ein Fasten, wie es dem Herrn gefällt. Essen Sie so, daß Sie leben und arbeiten können und fähig sind, geistlich zu leben.

Wenn Sie lange Nachtwachen halten, dann legen Sie sich lieber nieder; schlafen Sie sich aus und beten Sie dann richtig; dies ist nach geistlichen Gesetzen empfohlen und nicht bloß meine Privatmeinung.

Halten Sie in allen Dingen das richtige Maß. Die Kardinaltugend der Mäßigkeit ist so wichtig – vor allem am Anfang des geistlichen Lebens.

Wenn mich Gott zu außergewöhnlichen Fastenformen, wie wenig essen oder gar nichts mehr essen, führt, dann merke ich Gottes Führung daran, daß ich es kann. Ich merke dann, daß dies in mir Friede bewirkt und mich im Gebet tiefer führt. Wenn mich meine Übungen im Gebet und in der Nächstenliebe hindern, dann stimmt etwas nicht. Gott widerspricht sich ja nicht.

4. Wieweit soll man sich auf den Gebetsabend vorbereiten?

Ich kann dafür natürlich jetzt keine Regeln aufstellen, aber es ist sicher richtig, daß man miteinander einen Abend vorbereitet. Die Kirche macht es ja in der Liturgie genauso. Viele nehmen für die Vorbereitung einfach das liturgische Wort, das die Kirche für diesen Tag gibt. Sie nehmen die Lesung oder das Evangelium. Das sind ja über die Kirche von Gott her gegebene Texte. Es muß natürlich nicht immer so sein. In der Vorbereitung kann man dann überlegen, wie der Gebetskreis ablaufen kann. Am Abend des Gebetskreises ist es aber dann wichtig, daß Sie, wenn Sie beginnen, wirklich Hörender sind. Ich habe nämlich den Eindruck, daß oft Gebetsgruppenleiter in Streß kommen: Wenn nichts mehr kommt, dann glauben sie, beten zu müssen; dabei müssen sie überhaupt nichts tun.

Ich habe bei meinen Kursen fast immer mit Anfängern zu tun. Früher habe ich dann auch immer fleißig mitgebetet, damit etwas los war. In Zukunft aber setze ich mich einfach hin. Mein Grundsatz ist: Ich fange nicht an. Das sage ich auch den Menschen. Wir beten einen Psalm oder das Brevier. Dann machen wir eine Pause, und dann setze ich mich hin und warte. ,,Herr, das ist deine Gemeinde. Mach, was du willst.'' Ich bitte den Vater um den Heiligen Geist und den Herrn Jesus, daß jeder erleuchtet wird und daß jetzt irgendjemand ein Wort aus einem Psalm sagt, damit uns dadurch Gott im Gebet weiterführen kann.

Es kommt kaum vor, daß dann nichts kommt. Irgendwer fängt an. Glauben Sie doch an den Geist Gottes. Glauben Sie daran, daß er einen Menschen packt und ihm ein Wort in den Mund legt und ihm den Antrieb gibt, dies auch zu sagen. Ein Psalmwort kann doch jeder aussprechen. Ein Gebet formulieren ist schwieriger; aber dann müssen Sie sich führen lassen. Dazu ein Beispiel:

Beim Nationaltreffen der charismatischen Erneuerung in Würzburg mußte ich eine Gruppe zusammen mit einem anderen leiten. Wir hatten ausgemacht, daß wir mit einem Lobpreis beginnen wollen und anschließend in einen Dank und eine Bitte übergehen.

Es begann ein Lobpreis; zuerst langsam, plötzlich aber wurde es sehr intensiv. Zwei Personen haben aus ihrem Leben etwas ganz Tiefes zum Lobpreis Gottes gesagt. Da haben wir gespürt: Es geht in die richtige Richtung, es kommt zu einem noch tieferen Lobpreis.

Mitten drinnen aber stand der Leiter auf und sagte: ,,Wir gehen jetzt zum Bittgebet über." Das war wohl abgesprochen, es hatte aber nicht gepaßt. Daraufhin entstand auch abrupt eine Totenstille. Es hat eine längere Zeit gedauert, bis sich die Leute wieder auf das Neue eingestellt hatten. Obwohl wir uns die Abfolge ausgemacht hatten, hätte man in dieser intensiven Phase des Lobpreises nicht eingreifen dürfen.

Es kann sein, daß der ganze Abend total anders verläuft, als Sie geplant haben. Das ist aber überhaupt kein Problem. Es kann sein, daß plötzlich nur Lobpreis da ist.

Manchmal verklingt dann mit der Zeit der Lobpreis. Auch wenn dies länger dauert, als Sie vorgesehen haben, können Sie dann doch noch ihre Bitten einbringen. Als priesterliches Gottesvolk bitten Sie stellvertre-

tend für die ganze Welt. Und dann kann wieder alles organisch zusammenwirken.
Ich würde sagen, Sie sollten den Ablauf wohl vorbereiten, aber dann nicht stur daran festhalten. Hören Sie dann wirklich auf den Geist, und kommen Sie als Leiter nicht in Streß. Bitten Sie immer den Vater, den Herrn Jesus und den Heiligen Geist für die einzelnen: „Gib durch die einzelnen jetzt Worte, die notwendig sind. Gib ihnen Worte, die ich nicht wissen kann."
Vielleicht ist für den Ablauf des Abends auch die Liturgie der Kirche eine große Hilfe. Wir haben ja in der Liturgie der Kirche einen klaren Aufbau. Die Liturgie beginnt mit einem Bußgebet, sie geht dann im Gloria in den Lobpreis über, es schließen sich die Fürbitten des priesterlichen Gottesvolkes an und mündet am Ende, bei der Kommunion, in den Dank; in den Dank dafür, was Gott an uns getan hat.
Da brauchen Sie natürlich wieder nicht stur daran festzuhalten, aber Sie werden spüren, daß es nicht leicht ist, wenn alles durcheinander kommt. Wenn einer eine Bitte ausspricht, der nächste ein Dankgebet formuliert und dann ein Lobpreis kommt. Man muß sich dauernd umstellen; Sie kommen dann nie zur richtigen Einheit. Somit kann ein Aufbau grundsätzlich eine große Hilfe sein, so daß wir in die Einheit des Betens kommen. Der Sinn des freien Betens ist ja nicht einfach, daß wir nur laut beten. Das können Sie zu Hause ja auch; viel leichter sogar als unter vielen Leuten, die Sie dauernd stören. Der Sinn des Gebetskreises ist doch, daß wir in Einheit beten. Wenn jemand laut betet, muß jeder sein eigenes Bitten und seine eigenen Gedanken vollständig zurückstellen und so auf den Beter hören, als ob das meine wichtigste persönliche Bitte wäre. Sonst hat ja

das freie Gebet keinen Sinn. Was soll es sonst bezwekken?
Bei meinen Kursen übe ich immer dieses Gebet in der Einheit.
Wir müssen auf den Betenden hören! Wir müssen uns das Anliegen des Betenden zu eigen machen. Wir bringen diese Anliegen unsererseits selber mit eigenen Worten zu Gott, so daß mehrere mit einem beten.
Sie können da manchmal tolle Dinge erleben. Jemand betet tief getroffen von einem schweren Leid. Kaum hat er „Amen" gesagt, kommt ein anderer und dankt dem Herrn dafür, daß seine Katze Junge bekommen hat. Das ist doch keine Gemeinschaft, das ist doch kein Leib. Was haben die miteinander zu tun? Wenn einer fast stirbt, freut sich der andere an den jungen Katzen. Solche Menschen haben wir aber auch in den Gebetsgruppen drinnen. Es ist bei uns leider nicht üblich, daß wir hören. Das wäre aber der Sinn! Ich soll doch hören, was Gott mir durch dieses Gebet sagen will. Vielleicht ist ein prophetisches Wort dabei, das mich trifft; aber wenn ich nicht höre, merke ich nichts. Es wird nichts durch den anderen aufgebaut.
Wir beten alle aneinander vorbei. Das sind lauter tote Knochen; dadurch bekommen die anderen Knochen aber kein Leben.
In Einheit leben, das scheint mir das Wichtigste zu sein! Das Geheimnis des mystischen Leibes müssen wir im Gebet leben.
Wir sollen in Einheit leben und in Einheit beten. Wir müssen zuerst das Geheimnis der Kirche leben; dann ergibt sich das andere von selber: Dann darf der Herr Herr und Haupt sein, und dann handelt er!
Ich glaube, daß diese Uneinheit der Grund dafür ist,

daß die Gebetsgemeinschaft an manchen Abenden nicht funktioniert. Deshalb meine ich, daß es sicher oft gut wäre zu prüfen, ob man durch ein inneres Hindernis blockiert wird; zu prüfen, ob es ein Hindernis gibt zwischen mir und Gott, zwischen mir und denen daheim, zwischen mir und denen, die da sind.
Bedenken Sie: Wir kommen einfach zum Gebet zusammen. Erst dann merken wir, daß Sand im Getriebe ist und daß überhaupt nichts funktioniert. Jeder im Kreis hat dasselbe Gefühl, doch niemand wagt, etwas zu sagen.
Wenn man fragen würde, würden vielleicht einige aufstehen und ihre momentane Situation bekennen. Es könnte dann einer sagen: „Ich habe eine große Wut im Bauch! Ich bin nur gekommen, um euch einen Gefallen zu tun."
Ich meine, jener sollte sich zuerst einmal ein bißchen besinnen und die Sache in Ordnung bringen. Dann geht es sicher mit dem ganzen Kreis anders weiter.
Wir sollen daher zuerst einmal unsere Beziehungen in Ordnung bringen, ohne daß dies wieder zur Routine wird. Wir sollen trachten, zur Einheit zu kommen, damit wir dann ein Leib sind. Dann können wir, entsprechend dem Gloria, in den Lobpreis einmünden. Wir loben den Gott, der jetzt in unserer Einheit anwesend ist.

Eine afrikanische Schwester hat mir erzählt, daß sie mit folgendem Weg gute Erfahrungen gemacht hat:
Sie beten oder singen bei ihren Treffen zuerst um den Heiligen Geist. Sie beten zum Heiligen Geist, daß er auf sie alle herabkommt, daß er sie erfüllt, daß er ihnen das richtige Beten eingibt. Anschließend überlegen sie,

was nicht in Ordnung ist. Sie bitten also um den Geist der Selbsterkenntnis, der sie reinigt und zum Lobpreis befreit; dann können sie in Einheit beten. Lobpreisen kann man ja nur in Einheit. Wenn alle Gott anbeten, dann sind alle total eins, denn eine tiefere Einheit als die im Herrn gibt es nicht. Es können dann natürlich das Wort Gottes, die Erfahrungen während der Woche, der Austausch des Wortes oder ein neues Wort für die kommende Woche dazukommen. (Das ist ja die Methode der Fokolare, und das ist sicher keine schlechte Form, die wir auch öfter in unseren Gebetskreisen übernehmen könnten.) Wir bemühen uns, das Wort Gottes zu leben und das Gelebte zu verkünden. Soweit der Bericht der afrikanischen Schwester.

Das wäre gleichzeitig missionarisch, es wäre Aufbau und gegenseitige Evangelisation. Papst Paul VI. sagte: „Wenn wir uns nicht zuerst selber evangelisieren, gegenseitig evangelisieren, dann können wir die ‚draußen' nicht evangelisieren."
Der Verkündigung meiner Erfahrung mit dem Wort Gottes wäre dann eine Form der Evangelisation. Ich erzähle einfach im Gebetskreis, welche Erfahrungen ich während der letzten Woche mit dem Wort Gottes gemacht habe. Das kann natürlich auch im Lobpreis ausgedrückt werden (oder auch im Dank, im geistlichen Gespräch, im Austausch).
Paulus sagt: „Gott ist ein Gott der Ordnung." Eine bestimmte Ordnung wird uns daher sicher helfen; das Durcheinander aber führt nicht zur Einheit. Verweilen Sie bei einem Anliegen auch einmal ruhig länger. Wenn jemand sein Anliegen während des Abends nicht unterbringt, obwohl er in Einheit mit den ande-

ren gebetet hat, dann wird er hundertprozentig auch erhört. Diese Selbstlosigkeit wird mehr belohnt, als wenn er mit Gewalt gesprochen hätte.

Das nenne ich Einheit, wenn der Mensch sich ganz persönlich durch das Gebet der anderen ernstgenommen weiß.

Ich möchte noch kurz auf die Entwicklungsmöglichkeiten eines Abends beim Beten eines Psalmes eingehen. Sie beten also einen Psalm einmal vor und warten dann. Wenn jemand einen Impuls verspürt, dann soll er ein Psalmwort einfach wiederholen. Dann hört jeder auf das Psalmwort, das gesprochen wurde, und achtet nicht mehr auf den ganzen Psalm. Es soll dann jeder in sich hineinhören, nicht krampfhaft suchen. Wenn jemandem ein anderes Wort Gottes einfällt, das zu diesem Psalmwort gehört, dann soll er es aussprechen und dadurch den Grundgedanken weiterführen. Diese Vorgangsweise funktioniert natürlich nur in einer Gemeinschaft, die tatsächlich hören kann. Gerade die Gebetsgruppenleiter sind sehr gefährdet, nicht zu hören, weil sie *machen* und dauernd *organisieren.* Wenn aber alle hören können, dann kann man eine ganze Gebetszeit in einem Gedanken verweilen. Ein Gedanke kann sich dadurch sehr vertiefen, und plötzlich kann man spüren: „Das gilt uns."

Diese Praxis muß man einüben: Dies wäre ein Leben in Einheit.

Ich habe allerdings diese Art der Gebetsentwicklung leider manchmal resignierend aufgeben müssen, weil ich merkte, daß die Leute nicht wollten. Sie wollten nicht hören, sondern nur ihre Sachen sagen. Dann aber fand ich wieder Gruppen, die darauf sofort eingingen. Das war dann unwahrscheinlich ermutigend. Wir

wurden beim Gebet in Richtungen geführt, mit denen wir zu Beginn überhaupt nicht gerechnet hatten. Wir waren schließlich tief betroffen.
Bei diesem ständigen Hören auf das neue Wort müssen Sie ständig sterben. Auch wenn Sie zu dem ersten Psalmwort noch ein Wort Gottes hätten, müssen Sie es weglegen und auf das neue horchen. Das bedeutet dann für Sie ein *Sterben in die Einheit.*

5. Wie bekomme ich als Leiter mehr Mut, Selbstvertrauen und Gottvertrauen?

Wie bekomme ich Mut, mehr Selbstvertrauen und Gottvertrauen? Wie kann ich besser als Leiter wirken? Wie kann ich Zeugnis für den lebendigen Glauben ablegen?
Wenn Sie vielleicht einfach die Haltung einnehmen: „Herr, du hast mir das jetzt übertragen, ich tue, was ich kann. Aber es ist dein Problem."
Ich glaube, hier heißt es wieder, *Schritte des Glaubens zu tun.* Ich soll nicht das Gefühl des Könnens haben wollen, sondern einfach in diese Nacht der Unsicherheit hinein die Schritte tun. Es genügt die *Courage zur Blamage.* Das ist dann Hingabe. Dann werden Sie oft wunderbar erleben, wie der Herr führt.

6. Wie bringt man Teilnehmer zum lauten Beten?

Sie müssen sich im klaren sein, daß es Menschen gibt, die seelisch verwundet sind und daher gar nicht laut beten können. Sie sollen vielmehr den Leuten sagen,

daß sie nicht laut beten müssen. Es genügt, wenn sie da sind und einfach auf den Betenden hören und in Einheit in ihrem Herzen mit dem Betenden mitbeten; dann kann Gott sie berühren. Oft ist eine innere Heilung erforderlich, bevor sie laut beten können.
Sagen Sie den Leuten bitte immer zuerst, daß sie nicht laut beten müssen! Jeder wird es tun, wenn Gott ihn treibt; aber dann kann er es auch.
Lassen Sie große Freiheit zu und rechnen Sie mit Verwundungen. Trösten Sie die Menschen und sagen Sie ihnen, daß ihre Anwesenheit und ihr innerliches Gebet in Einheit genügt.

7. Soll man mit einer Bibelstelle oder mit einem Lied beginnen?

Ich würde zuerst immer mit einem Lied beginnen. Machen Sie es so, wie ich es schon dargelegt habe, aber machen Sie kein unumstoßbares Modell daraus.
Wenn Sie spüren, daß alle eins sind und irgend etwas schon gegeben ist, dann gehen Sie vielleicht sofort in den Lobpreis. Dann brauchen Sie keinen Bußakt, es soll ja nichts erzwungen werden, und Sie spüren das ja.
Machen Sie keine Modelle! Was ich sagte, ist eine Möglichkeit, vielleicht eine dauernde Möglichkeit, aber kein Zwang.

8. Was soll man tun, wenn jemand immer zu lange betet?

Ja, es gibt immer wieder Leute, die im Gebet die Länge nicht abschätzen können. Denen muß man halt sagen, daß sie nicht soviel beten sollen, da ja dadurch die anderen nicht mehr zu Wort kommen. Sagen Sie das aber in Liebe! Jene meinen es gut, aber sie merken oft nicht, daß es so lange dauert.
Man muß es ihnen aber schon sagen; denn sonst sind viele blockiert. Sagen Sie es allerdings noch nicht beim ersten Mal; beim zweiten Mal werden sie vielleicht von selbst schon schweigsamer.

9. Soll man in den Gebetskreis gehen, wenn man nicht in Form ist?

Wenn Sie nicht in Form sind, dann setzen Sie einen Bußakt!
Setzen Sie einen Bußakt, indem Sie trotzdem hingehen; das kann dann sehr fruchtbar werden. Es kann mich wohl etwas belasten, aber ich gehe mit dieser Belastung in Freiheit hin. Auf jeden Fall ist Gott da, auch wenn ich ihn noch nicht voll annehmen kann. Wenn ich hingehe, breche ich keine Beziehungen zu Gott und den Menschen. Der Abend kann sehr fruchtbar werden, und ich kann sogar befreit werden. Wegbleiben wäre keine Lösung. Natürlich gibt es auch hier wieder Sonderfälle; das muß jeder selbst spüren.

10. Soll man in Sprachen beten, wenn der, der auslegt, nicht anwesend ist?

Paulus sagt: ,,Wenn kein Ausleger da ist, dann hat es keinen Sinn, wenn jemand in Sprachen betet.“ Wir können allerdings jederzeit miteinander in Sprachen singen, denn das ist ja dann ein Lobpreis. Einen Lobpreis muß man nicht unbedingt auslegen. Aber ganz allgemein gesprochen würde ich Ihnen raten, daß es mit der Zeit selbstverständlich wird, daß man bei Gebetsversammlungen auch in Sprachen singt. Das empfinden die Menschen normalerweise als wohltuend, auch diejenigen, die dies noch nie gehört haben.

Vor kurzem waren bei einer Versammlung in Stuttgart zirka 300 Menschen. Einige Tage nach dem Abend kam eine Frau zur Oberin des Hauses, in dem wir waren, und sagte ihr: ,,Schwester, wir sind am Sonntag hier vorbeigegangen. Haben Sie da einen Folkloreabend gehabt? Wir sind stehengeblieben, denn es war so schön. Es hat uns sehr gefreut, daß Sie die Ausländer auch eingeladen haben.“
Jene haben das schön und wunderbar harmonisch empfunden. Wenn man dezent in Sprachen singt, dann ist das auch für Neue nicht bedrückend, sondern etwas Schönes.
Wir sollten das also wirklich zulassen – als Lobpreis in den Gottesdiensten.

,,So spricht Gott, der Herr:
Nichts von dem, was ich sage, läßt lange auf sich warten;
WAS ICH SAGE, GESCHIEHT –
Spruch Gottes, des Herrn.“

(Ez 12,28)

Wichtige Literatur zur Erneuerung im Heiligen Geist

Heribert Mühlen (Hg.)
Einübung in die christliche Grunderfahrung

Erster Teil: **Lehre und Zuspruch**
Matthias-Grünewald-Verlag, Mainz, Topos-Taschenbuch 40

In einem weltweiten spirituellen und ökumenischen Ereignis kündigt sich eine neue, konkrete Gestalt christlichen Glaubens an. Die hier vorgelegten Seminare für die Gemeindemission haben bereits vielerorts zur Bildung von Gebetsgruppen und zur Gemeindeerneuerung geführt.

Zweiter Teil: **Gebet und Erwartung**
Matthias-Grünewald-Verlag, Mainz, Topos-Taschenbuch 49

Erneuerung der Kirche und der Gemeinden, Hinwendung zu Christus, Ausübung von Geistesgaben, Vollzug des kirchlichen Amtes als Charisma für die anderen Charismen – dies alles kann nur in einer sehr persönlichen Hingabe als Geschenk von Gott entgegengenommen werden. Die Gebetsanregungen ermutigen dazu!

Heribert Mühlen (Hg.)
Erfahrungen mit dem Heiligen Geist
Zeugnisse und Berichte
Matthias-Grünewald-Verlag, Mainz, Topos-Taschenbuch 90

Gebetsgruppen, charismatische Gottesdienste, Glaubensseminare können eine neue Erfahrung mit dem Heiligen Geist aufbrechen lassen. Wie Gott eingreift, wie er zu einem lebendigen Glauben, zu einer lebendigen Gemeinde führt, bezeugen katholische und evangelische Pfarrer sowie Christen verschiedener Berufs- und Altersgruppen.

Heribert Mühlen
Grundentscheidung
Weg aus der Krise I
Matthias-Grünewald-Verlag, Mainz, Topos-Taschenbuch 122

Die krisenhafte Lage der Kirche ist begründet in einem geschichtlich bedingten Ausfall der Grundentscheidung für Gott und die Kirche, die dem Ernst und der Tiefe der im NT bezeugten Taufentscheidung entspricht. Umkehrliturgie für getaufte Erwachsene ist ein Weg zur Erneuerung der Kirche aus dem Geist Gottes.

Erneuerung in Kirche und Gesellschaft
Die authentische, ökumenische Vierteljahreszeitschrift der charismatischen Gemeinde-Erneuerung
Verlag Erneuerung, Paderborn

Anton Gots
Das Ja zum Kreuz
Veritas-Verlag, Linz
bereits 8. Auflage!

Den Hintergrund zu den 30 Kapiteln bildet der Alltag in der Krankheit, das Ringen um den Sinn eines solchen aussichtslosen Daseins; um den Glauben an die Anwesenheit Gottes mitten in Not und Schmerz; um die Bewältigung der täglich erlebten Bedrohung mit der Hilfe des Glaubens.

Anton Gots
Wenn wir im Geiste leben
Der praktische Weg der geistlichen Erneuerung des einzelnen und der Gemeinden
Konvent der Kamillianer, Linz

Wir Christen dürfen erfahren, daß Gottes Geist unter uns am Werk ist: auf der großen Ebene der Kirche und im ganz persönlichen Leben der einzelnen Christen. Die sogenannten Erneuerungsbewegungen sind ein schlagender Beweis für die Verjüngung des Christentums. Sie sind zur gleichen Zeit ein Zeichen der Hoffnung für die Menschheit von heute.

Für die Jugend auf dem Weg zur Kirche!

Heribert Mühlen (Hg.)
Jugend erfährt Gott
Weg aus der Krise II
Matthias-Grünewald-Verlag, Mainz, Topos-Taschenbuch 133

Der Auszug der Jugendlichen aus der Kirche ist ein einschneidender Traditionsbruch. In persönlichen Zeugnissen auch kirchlich distanzierter Jugendlicher wird deutlich, daß sie offen sind für Schritte zu einer Grundentscheidung für Gott in einer Kirche, die sich als Umkehrgemeinschaft darstellt.

Für Kinder von sieben bis siebzig!

Ingeborg Obereder
Therese – eine Freundin für immer
Veritas-Verlag, Linz

Die Autorin schildert in diesem Kinderbuch in fesselnden Bildern und Dialogen eine Reihe von Szenen aus dem Leben und Wirken der „Kleinen Therese", die gekonnt in eine spannende Rahmenhandlung eingebettet sind.
Kinder und Erwachsene lesen dieses Buch gleichermaßen mit Gewinn. Der Aufruf zu Umkehr und Erneuerung wird durch das Leben Thereses, der „Patronin der Weltmissionen" und damit auch der „Patronin der Erneuerung", selbst gegeben.